SCHNIPPEL!

BRUTZEL!

Mmmh...

EINLEITUNG

Die italienische Küche gehört zu den besten und abwechslungsreichsten der Welt. Wen wundert's, dass sie auch eine der beliebtesten ist?! Denn wer mag keine Pizza, Lasagne, Tiramisu und Co.? Mit diesem Buch lernst du, einige der leckersten italienischen Gerichte zuzubereiten. Das Besondere daran: im Comic-Style. Entnommen sind die Rezepte aus *Der Silberlöffel.* Dieses Kochbuch erschien 1950 und hat sich seitdem zur Bibel der italienischen Küche entwickelt. Wie die Bibel ist auch *Der Silberlöffel* ziemlich umfangreich. Deshalb haben wir uns das Beste vom Besten herausgepickt. Die 50 schnellen und einfachen Rezepte zeigen dir in bebilderten Schritt-für-Schritt-Anleitungen, wie du im Handumdrehen einen italienischen Gaumenschmaus auf den Tisch bringst.

ESSEN AUF ITALIENISCH

Um die italienische Küche zu begreifen, muss man die Italiener verstehen lernen. Für sie ist Essen eine Kunst, ihre zweite Religion. Man muss nur mal zuhören, wenn sich zwei Italiener(-innen) unterhalten – egal, ob auf dem Land oder in der Stadt. Es wird immer auch darum gehen, was es zum Frühstück, Mittagessen oder Abendessen geben soll und wo und was man dafür einkaufen wird. Kurz gesagt, Italien ist eine Nation, die versessen aufs Essen, ja, schon fast fanatisch ist.

Es ist noch nicht lange her, da hat ein bekannter Pastahersteller eine Liste mit „Regeln" herausgegeben, um Ausländern in Italien beizubringen, wie man sich (am Tisch) richtig, sprich authentisch wie ein Italiener, verhält. Als eine der größten kulinarischen Sünden gilt – nicht weiter überraschend –, Ketchup über die Pasta zu geben. Genauso verwerflich ist es, Pasta als Beilage zu servieren. Pasta muss man wertschätzen. Sie sollte als eigener Gang nach den *antipasti* (Vorspeisen) als *primo* (erster Gang) und nie als *secondo* (zweiter Gang mit Fleisch, Fisch oder einfach Gemüse) auf den Tisch kommen. Danach können *insalata* (ein Salatgericht), *formaggi e frutta* (Käse und frische Früchte, immer geschält) und ein *dolce* (Dessert) serviert werden. Ein weiteres No-Go ist die Kombination aus Geflügel und Pasta. Warum das so ist, kann kein Italiener erklären, er tut es einfach nicht. Ebenso auf dem Index: Öl ins kochende Pastawasser geben. Man darf ein bisschen davon nach dem Garen über die Pasta träufeln, damit sie nicht trocken und klebrig wird. Schließlich die wichtigste Regel: Nie, nie alleine essen! Die Italiener glauben, dass der Respekt vor der kulinarischen Tradition, den Speisen und der Zubereitung nur beim Essen in Gesellschaft von Menschen, die man gerne mag, zum Ausdruck kommt.

Man ahnt, dass Mahlzeiten in Italien eine ernst zu nehmende Angelegenheit sind, für die man reichlich Zeit – mindes-

tens zwei oder drei Stunden – einplanen sollte, um die Aromen zu genießen und die Kunst der Zubereitung zu würdigen. Dass Italiener immer noch so viel Wert darauf legen, gemeinsam Brot zu brechen, zeigt ihre Leidenschaft für das *dolce vita* (das süße, glückliche Leben). Mit *Schnippel – Brutzel – Mmmh* wollen wir genau dieses Lebensgefühl vermitteln. Die Rezepte, die du in diesem Band findest, schmecken immer doppelt so gut, wenn du sie mit der Familie oder Freunden zusammen genießt.

LANDSCHAFTEN UND KLIMA

Die Vielfalt italienischer Gerichte lässt sich zum einen durch die großen landschaftlichen und klimatischen Unterschiede Italiens erklären und zum anderen dadurch, dass Italien erst Mitte des 19. Jahrhunderts ein einheitlicher Staat wurde. Bis dahin waren alle heutigen 20 Regionen eigene Kleinstaaten, in denen sich einzigartige kulinarische Spezialitäten entwickelten. Topografisch gleicht Italien einem Stiefel mit hohem Absatz. Der Norden wird durch die alpinen Regionen an der Grenze zu Frankreich, der Schweiz, Österreich und Slowenien charakterisiert. Hier steht die Fertigung von Milch- und Fleischprodukten im Vordergrund, während in den heißen, trockenen Regionen des Südens, die ins Mittelmeer hineinragen, Obst- und Tomatenplantagen sowie Olivenhaine dominieren. Die gemäßigteren Regionen Mittelitaliens sind die Getreidekammer des Landes, dort gedeihen Weizen, Mais und Gerste.

Bei diesen Produkten kann man gut nachvollziehen, warum die echte italienische Küche immer noch recht rustikal ist und auf einfachen, saisonal frischen und regionalen Zutaten basiert. Und so kannst du einem echten Italiener auch nicht weismachen, dass es im Februar aromatische Tomaten oder zu Ostern etwas anderes als Frühlingslamm *(agnello)* zu essen gibt. Die authentische italienische Küche besteht aus soliden, herzhaften Gerichten, die Körper und Geist stärken sollen. Ist dir schon aufgefallen, dass nur wenige italienische Starköche mit Schaum und Flüssigstickstoff experimentieren? Sie stöbern lieber auf Märkten nach erstklassigen Produkten, kochen für Freunde oder reisen kreuz und quer durchs Land auf der Suche nach dem zartesten Steak Pizzaiola (S. 52), den besten gegrillten Sardinen (S. 58) oder dem perfekt gebrühten Espresso, den es übrigens – darin sind sich die meisten Italiener einig – in Rom gibt.

GRUNDZUTATEN

Jede Region rühmt sich ihrer ganz eigenen kulinarischen Spezialitäten. So ist die Emilia-Romagna beispielsweise bekannt für ihren würzigen Rohmilchkäse *Parmigiano*

Reggiano, Schinken aus Parma und Aceto balsamico aus Modena. Dieser ist so vollmundig und süß, dass man ihn fast trinken möchte. In den ausgedehnten Eichen-, Buchen- und Haselnusswäldern des Piemonts wachsen duftende weiße Trüffel, die zu den teuersten Lebensmitteln der Welt gehören (Kasinobesitzer Stanley Ho zahlte 2010 stolze 330 000 Dollar für eine Zwei-Kilo-Trüffel). Auf Sizilien, der größten Mittelmeerinsel, genießt man erfrischende Granita aus bittersüßen Blutorangen (siehe Anleitung für Erdbeer- oder Aprikosen-Granita, S. 82–83) oder cremige Cannoli (mit Ricotta gefüllte Teigrollen, S. 90–91). Toskanisches Olivenöl ist so begehrt, dass mittlerweile Etikettenschwindel damit betrieben wird.

Spezialitäten wie diese erfüllen die Italiener mit Stolz und lassen sie verzweifeln, wenn sie nicht erhältlich sind. Fast alle sind durch eine DOP-Herkunftsbezeichnung *(Denominazione di Origine Protetta)* geschützt. Dieses Qualitätssiegel ist eine gute Orientierung beim Kauf italienischer Lebensmittel. Du kannst es aber auch wie die Italiener machen und statt in den Supermarkt auf Bauern- und Wochenmärkte, zum kleinen Gemüsehändler um die Ecke oder ins Feinkostgeschäft gehen. Die Produkte sind qualitativ meist besser und manchmal sogar günstiger. Obendrein erfährst du, welche Früchte und Gemüse gerade Saison haben und besonders aromatisch sind. Noch dazu lassen einen die Verkäufer gern probieren, was den Einkauf zum kulinarischen Erlebnis macht.

Du wirst nicht lange brauchen, um zu

lernen, was Italiener schon lange wissen: Wenn du keine Zeit zum Kochen hast, serviere einfach eine Käseauswahl (Ricotta mit Trüffelöl beträufelt, Mozzarella mit Tomaten und Basilikum und Gorgonzola), *salumi* (Wurst, zum Beispiel einige Scheiben Salami, Prosciutto und Bresaola), frisches Brot und Oliven – schon steht nicht nur ein schnelles, sondern auch ein leckeres Essen auf dem Tisch.

REGIONALE SPEZIALITÄTEN

Manchmal aber darf etwas aufwendiger gekocht werden. *Schnippel – Brutzel – Mmmh* ist deshalb in Kapitel mit Vorspeisen *(antipasti)*, Pasta *(il primo)*, Hauptgerichten *(il secondo)* und Desserts *(dolci)* eingeteilt, damit du ganz einfach ein tolles italienisches Menü zusammenstellen kannst. Dafür haben wir die besten Gerichte aus den verschiedenen Regionen ausgewählt. Aus Florenz stammt das berühmte Schmorgericht Hähnchen Cacciatore (S. 60). Neapel ist mit dem Klassiker Pizza Margherita (S. 20–21) vertreten. Dafür musst du nur einen Teigfladen, belegt mit frischer Tomatensauce und Mozzarella, im heißen Ofen backen und mit frischem Basilikum garnieren. Angeblich wurde diese Pizza im Jahr 1889 anlässlich des Besuchs von Königin Margherita erfunden, die darauf bestanden haben soll, dass alles, was in ihren Mund wanderte, die italienischen Farben Rot, Weiß und Grün haben sollte. Apulien, die Region im Absatz des Stiefels, steuert gefüllte Panzarotti (S. 26–27) bei, ein gutes Essen für unterwegs. Die besten Tagliatelle mit Erbsen und Schinken (S. 38) kommen aus der Emilia-Romagna, während Carbonara (S. 41) – ganz authentisch nur mit Spaghetti – aus Rom stammen. Das klassische Fritto misto mit Salbei (S. 66–67) schmeckt am besten mit einem frischen Fang aus der Lagune von Venedig. Cantucci (S. 74), Mandelplätzchen, sind das mittelalterliche Erbe aus Prato, und die Panna cotta mit Haselnusssauce (S. 78–79) kommt aus dem Piemont, wo im kühleren Klima das Milchvieh auf saftigen Wiesen weidet, umgeben von Haselnusswäldern. Man könnte Jahre damit verbringen, sich durch die Regionen Italiens zu kochen, und würden nie ein Gericht zweimal zubereiten. *Schnippel – Brutzel – Mmmh* bietet dir einen guten Ausgangspunkt.

EINKAUFSTIPPS

Halte es beim Einkauf von Grundzutaten einfach. Du brauchst nicht nach frischer

Pasta zu suchen – die meisten Italiener verwenden auch gute getrocknete Pasta. Investiere lieber in hochwertiges Olivenöl und guten Balsamicoessig. Außerhalb der Saison sind Tomaten aus der Dose übrigens aromatischer als frische Treibhausware. Aber frische Kräuter wie Basilikum, Oregano und Salbei verleihen deinen Gerichten Farbe und Aroma, die du mit getrockneten Kräutern nie erreichen wirst. Bohnen aus der Dose sind heutzutage fast so gut wie selbst gekochte getrocknete Hülsenfrüchte, während frischer Fisch Tiefkühlware immer vorzuziehen ist. Fleisch kaufst du am besten im Metzgereifachgeschäft; hier erhältst du kompetente Beratung bei der Auswahl des richtigen Stücks und gute Qualität und musst nicht ratlos vor der Kühltheke stehen. Wein oder anderer Alkohol kann durch Brühe, Wasser oder bei Desserts durch Orangensaft ersetzt werden.

KOCHTECHNIKEN

Weil italienisches Essen im Allgemeinen so unkompliziert und geerdet ist, benötigt man auch keine besondere Küchenausstattung. Wichtig sind scharfe Messer ebenso wie Schneidebretter, Holzlöffel und ein

Schneebesen. Du solltest ein paar ordentliche Töpfe und Pfannen mit dickem Boden in unterschiedlichen Größen haben, um Pasta, Risotto oder Saucen zuzubereiten. Besorge dir eine Fettpfanne (ein tiefes Backblech) zum Garen eines Bratens. In einem sehr heißen Ofen dient sie umgedreht als Pizzastein. Eine Waage, Messbecher, eine Kuchenform, Dessertförmchen und einige Rührschüsseln, die zur Not als Salatschüssel oder große Dessertschale herhalten können – und schon bist du ausgestattet.

Das Wichtigste beim Kochen ist, das Rezept erst einmal ganz durchzulesen. Damit verschaffst du dir einen Überblick, was alles benötigt wird und welchen Schritt du wann ausführen musst. Dann folgt die *mise en place*. So nennt man in der Küchensprache das Zusammenstellen und Vorbereiten aller Zutaten und Utensilien. Ein vorgeheizter Ofen oder die Schüssel Eiswasser, die bereitsteht, um gegartes Gemüse abzuschrecken, kann den Unterschied zwischen Erfolg und Misserfolg ausmachen. Während des Kochens solltest du immer wieder abschmecken; es gibt keinen anderen Weg, um zu prüfen, ob das Gericht noch mehr Salz, Kräuter oder Gewürze braucht. Aber übertreibe es nicht, vor allem bei Salz. Es ist einfach, etwas mehr dazuzugeben, aber unmöglich, etwas Versalzenes wieder genießbar zu machen. Wenn du ein warmes Gericht servierst, wärme das Serviergeschirr wie Schüsseln oder Teller im Ofen vor. Spezielle Techniken wie Fisch säubern und andere nützliche Tipps findest du auf S. 95.

Mit diesen Grundlagen bringst du bald Gerichte wie ein Profi auf den Tisch – von *antipasti* wie süßsaure Caponata (S. 16) und Bruschetta (S. 22) über klassische Pastagerichte wie Linguine mit Pesto (S. 46), Hauptgerichte wie Rippchen mit Polenta (S. 56) bis hin zu unwiderstehlichen Desserts wie Himbeer-Semifreddo (S. 75) oder Tiramisu (S. 77). Diese Gerichte sind alle perfekt für ein Essen im Familien- und Freundeskreis. So hast du bald echtes italienisches *dolce vita* bei dir zu Hause.

Buon appetito a tutti!

VORSPEISEN

GEFÜLLTE STEINPILZE

FÜR 4 PERSONEN VORBEREITUNG: 40 MIN. BACKZEIT: 20 MIN.

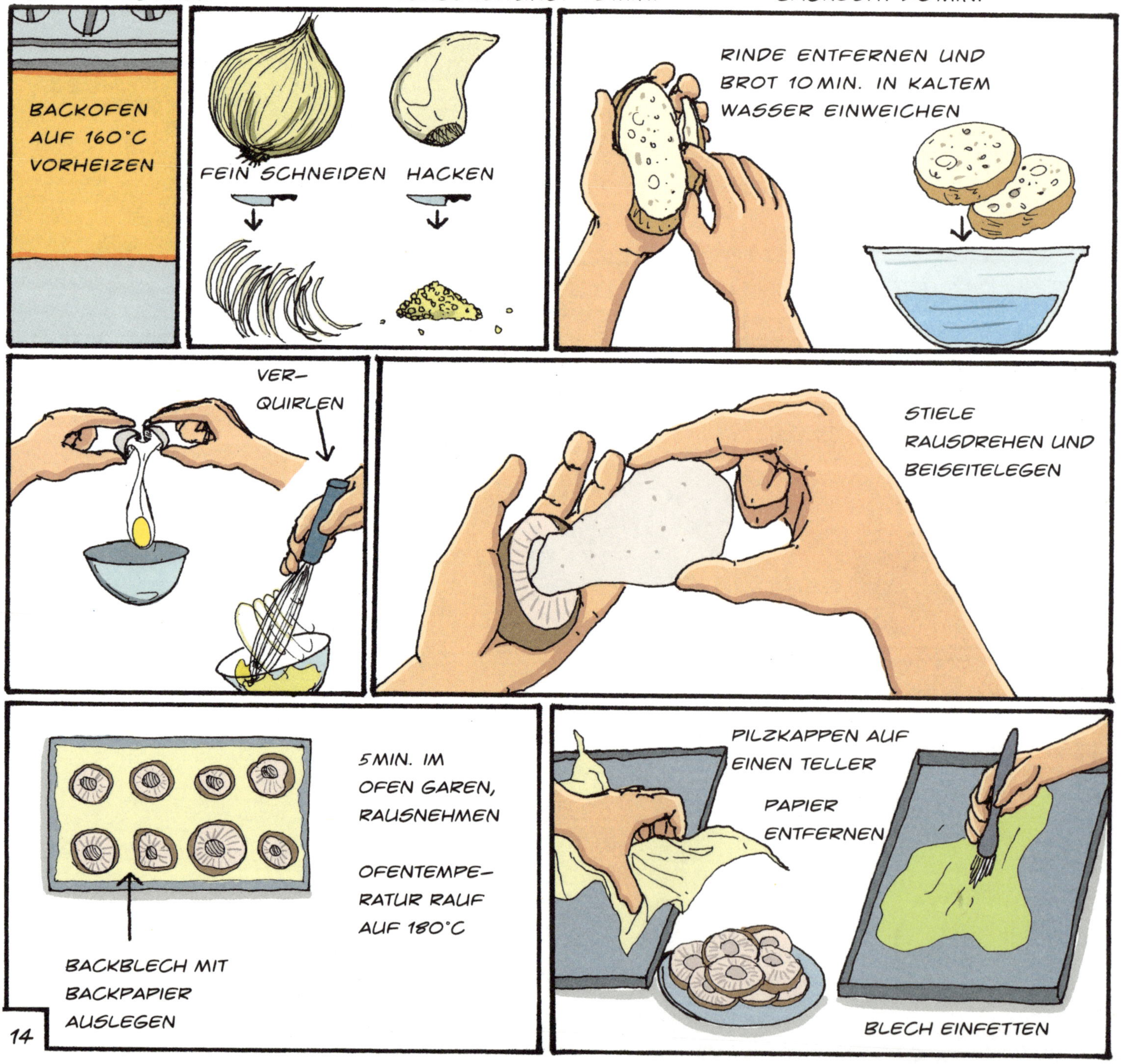

STIELE IN SCHEIBEN SCHNEIDEN
SARDELLEN HACKEN
1 EL ÖL ERHITZEN, DANN ZWIEBELN
PETERSILIE
SARDELLEN UND KNOBLAUCH ANDÜNSTEN
WENIG HITZE
NACH 5 MIN. PILZSTIELE DAZU
3–4 MIN. GAREN, DANN WÜRZEN
VOM HERD NEHMEN
BROT AUSDRÜCKEN
1 EL ÖL, BROT UND EI
UNTERMISCHEN
PILZKAPPEN MIT PILZMISCHUNG FÜLLEN
AUFS BLECH LEGEN
MIT SEMMEL-BRÖSELN BESTREUEN
20 MIN. BACKEN

SÜSSSAURE CAPONATA

FÜR 4 PERSONEN VORBEREITUNG: 20 MIN. GARZEIT: 20–25 MIN.

GEGRILLTER TINTENFISCH

FÜR 4 PERSONEN VORBEREITUNG: 30 MIN. GARZEIT: 10 MIN.

PAPRIKAROLLEN

FÜR 4 PERSONEN VORBEREITUNG: 15 MIN. GARZEIT: 10 MIN.

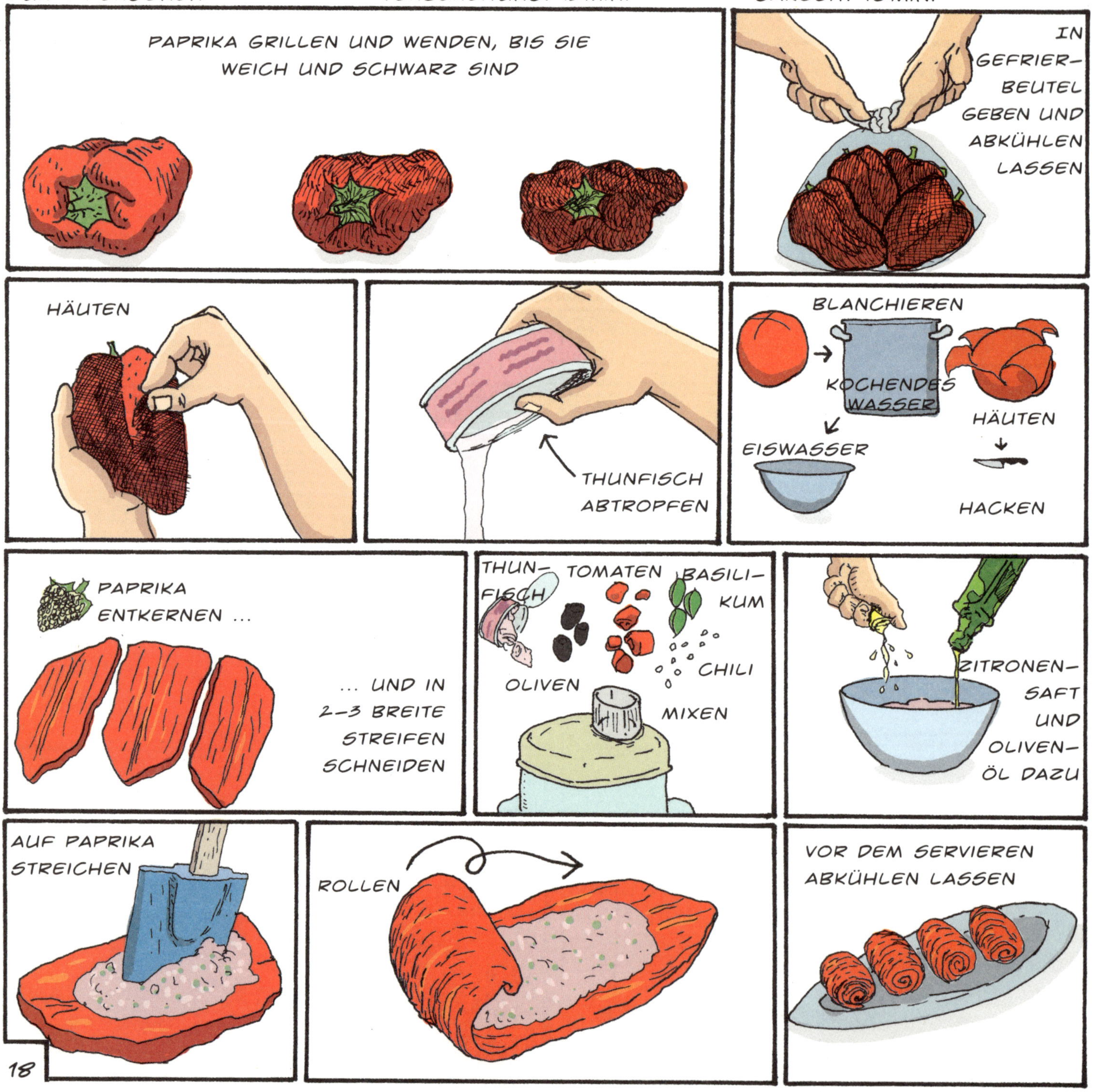

EIER IM TÖPFCHEN

FÜR 4 PERSONEN

VORBEREITUNG: 10 MIN.

GARZEIT: 6–8 MIN.

PIZZA MARGHERITA

FÜR 4 PERSONEN VORBEREITUNG: 1½ STD. GARZEIT: 25 MIN.

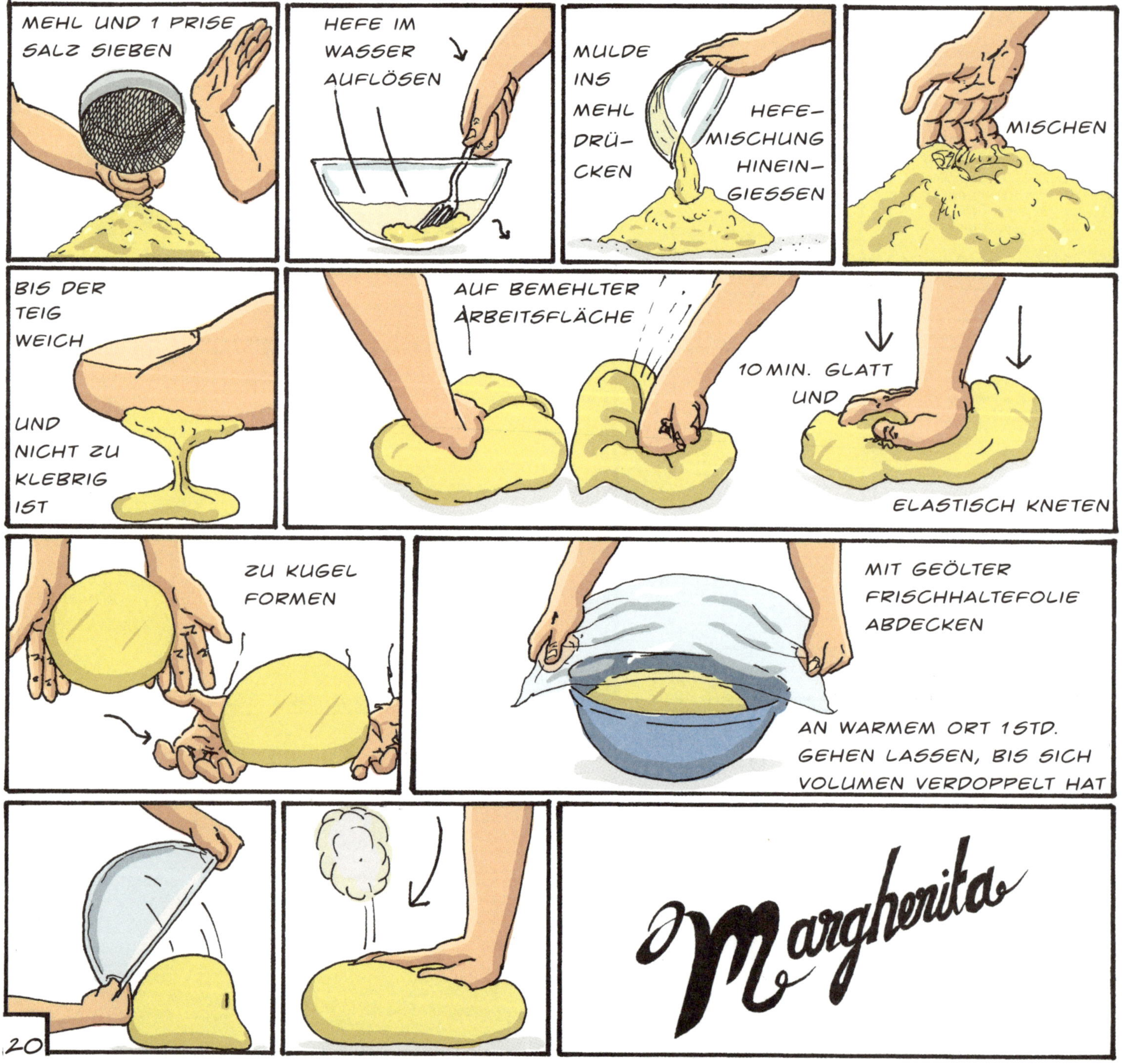

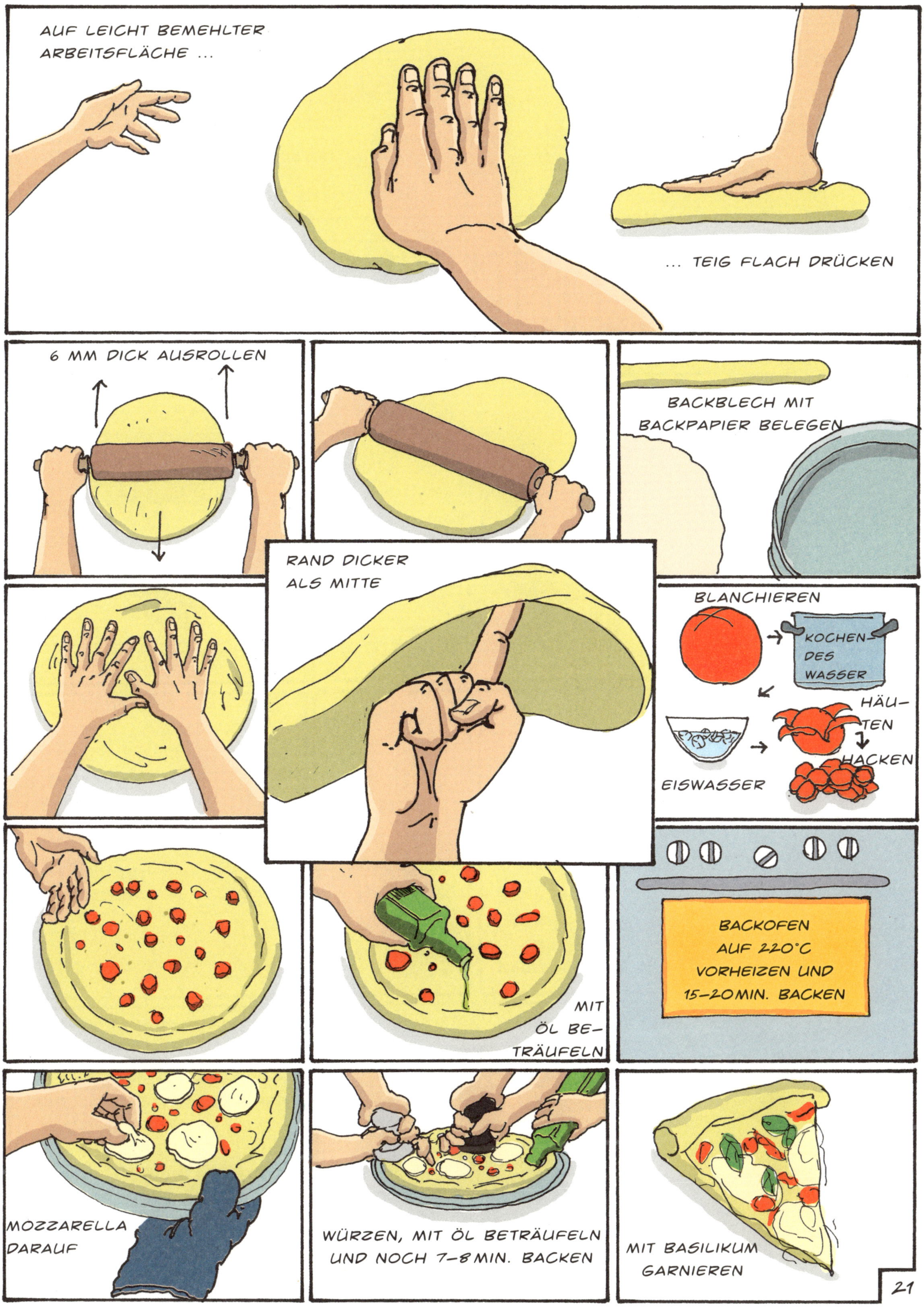
AUF LEICHT BEMEHLTER ARBEITSFLÄCHE ...
... TEIG FLACH DRÜCKEN
6 MM DICK AUSROLLEN
BACKBLECH MIT BACKPAPIER BELEGEN
RAND DICKER ALS MITTE
BLANCHIEREN
KOCHEN-DES WASSER
HÄU-TEN
HACKEN
EISWASSER
MIT ÖL BE-TRÄUFELN
BACKOFEN AUF 220°C VORHEIZEN UND 15–20 MIN. BACKEN
MOZZARELLA DARAUF
WÜRZEN, MIT ÖL BETRÄUFELN UND NOCH 7–8 MIN. BACKEN
MIT BASILIKUM GARNIEREN

BRUSCHETTA

FÜR 4 PERSONEN VORBEREITUNG: 20 MIN. GARZEIT: 5 MIN.

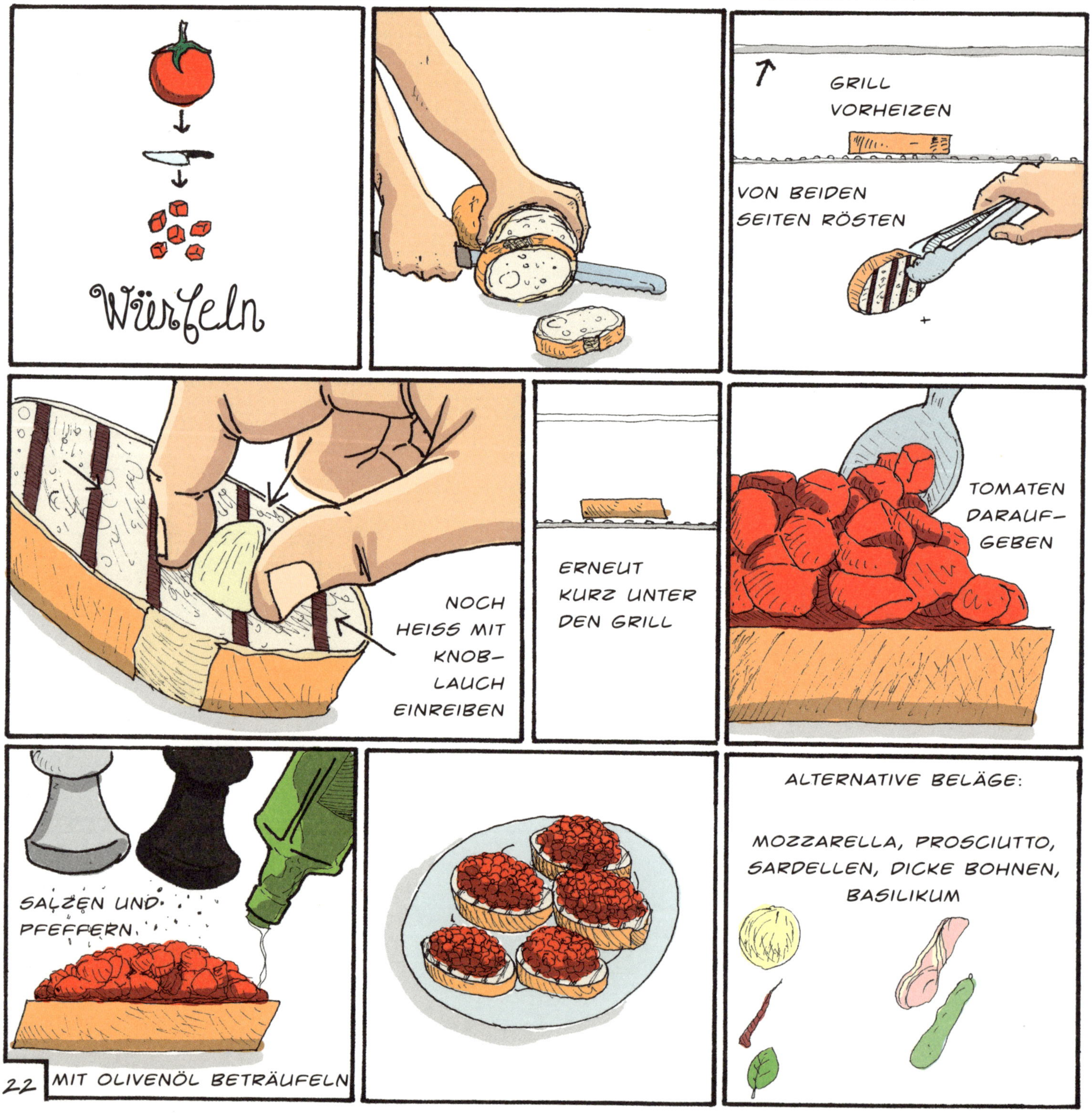

KARTOFFELKROKETTEN

FÜR 4 PERSONEN VORBEREITUNG: 1½ STD. GARZEIT: 30–40 MIN.

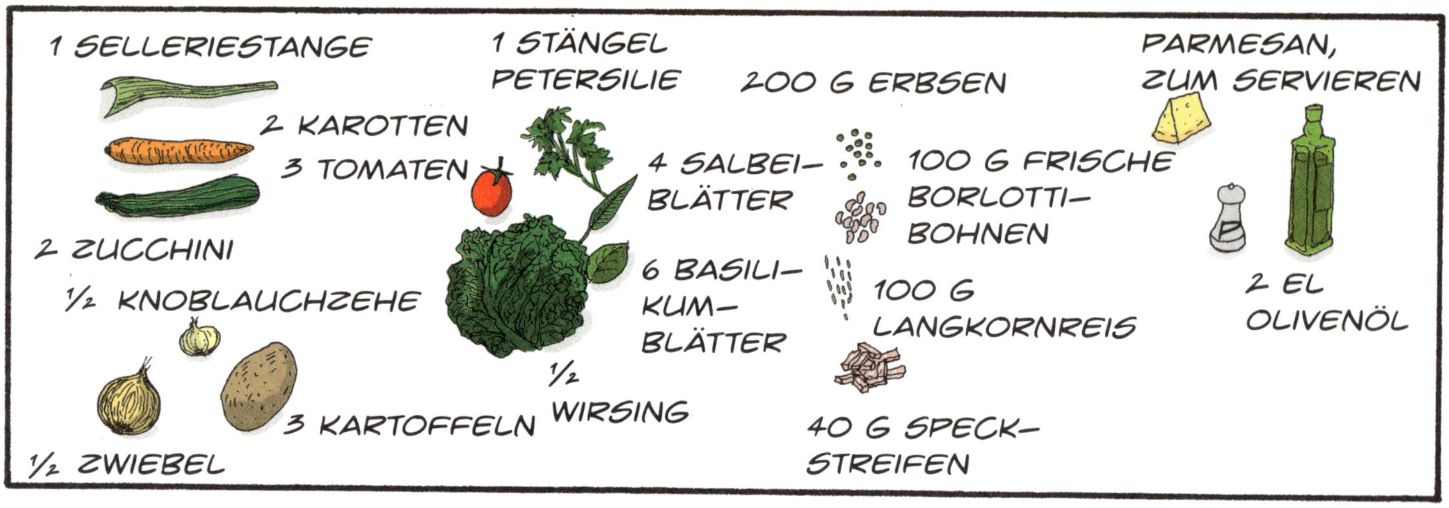

MINESTRONE MILANESE

FÜR 4–6 PERSONEN VORBEREITUNG: 30 MIN. GARZEIT: 2½ STD.

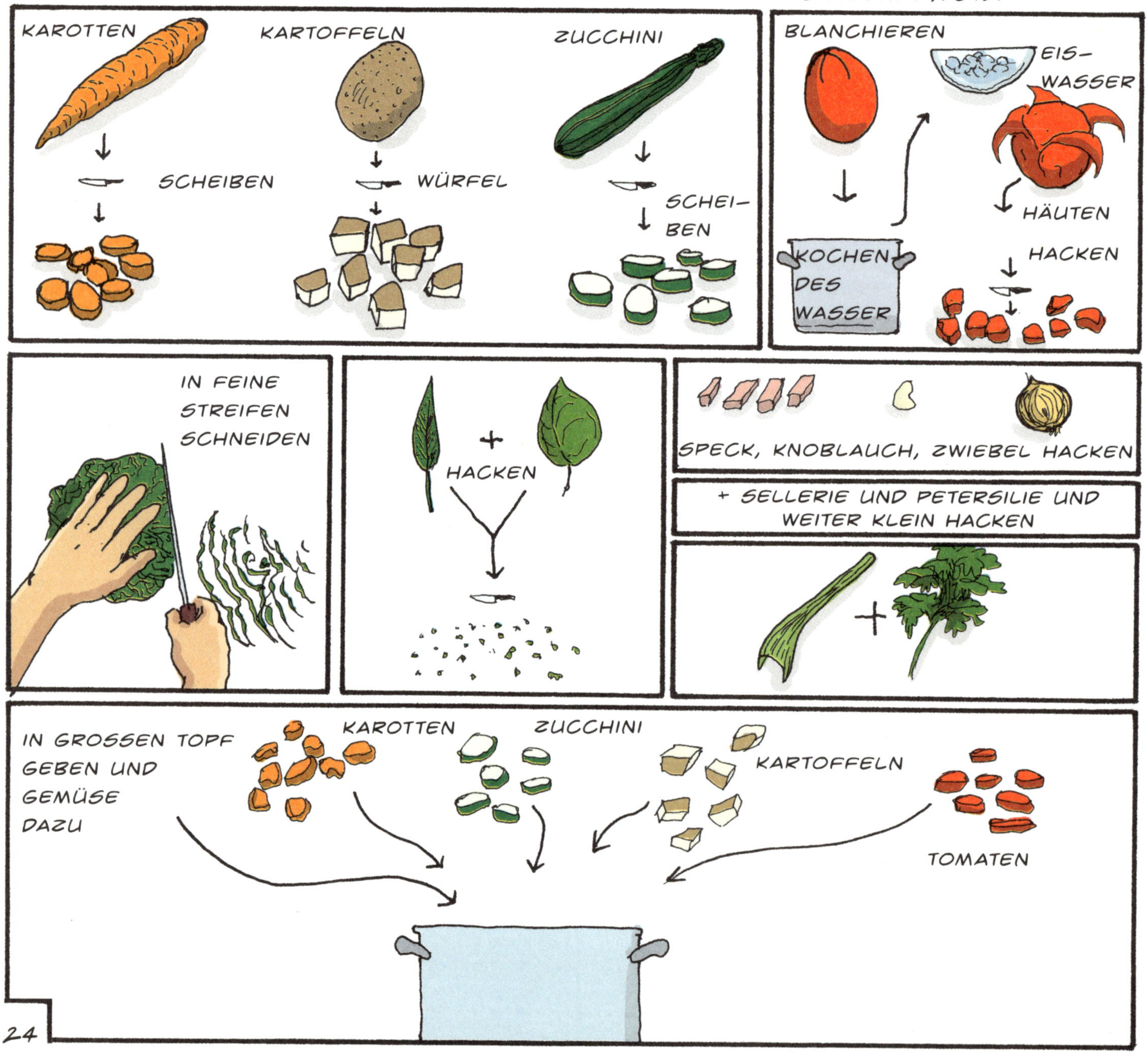

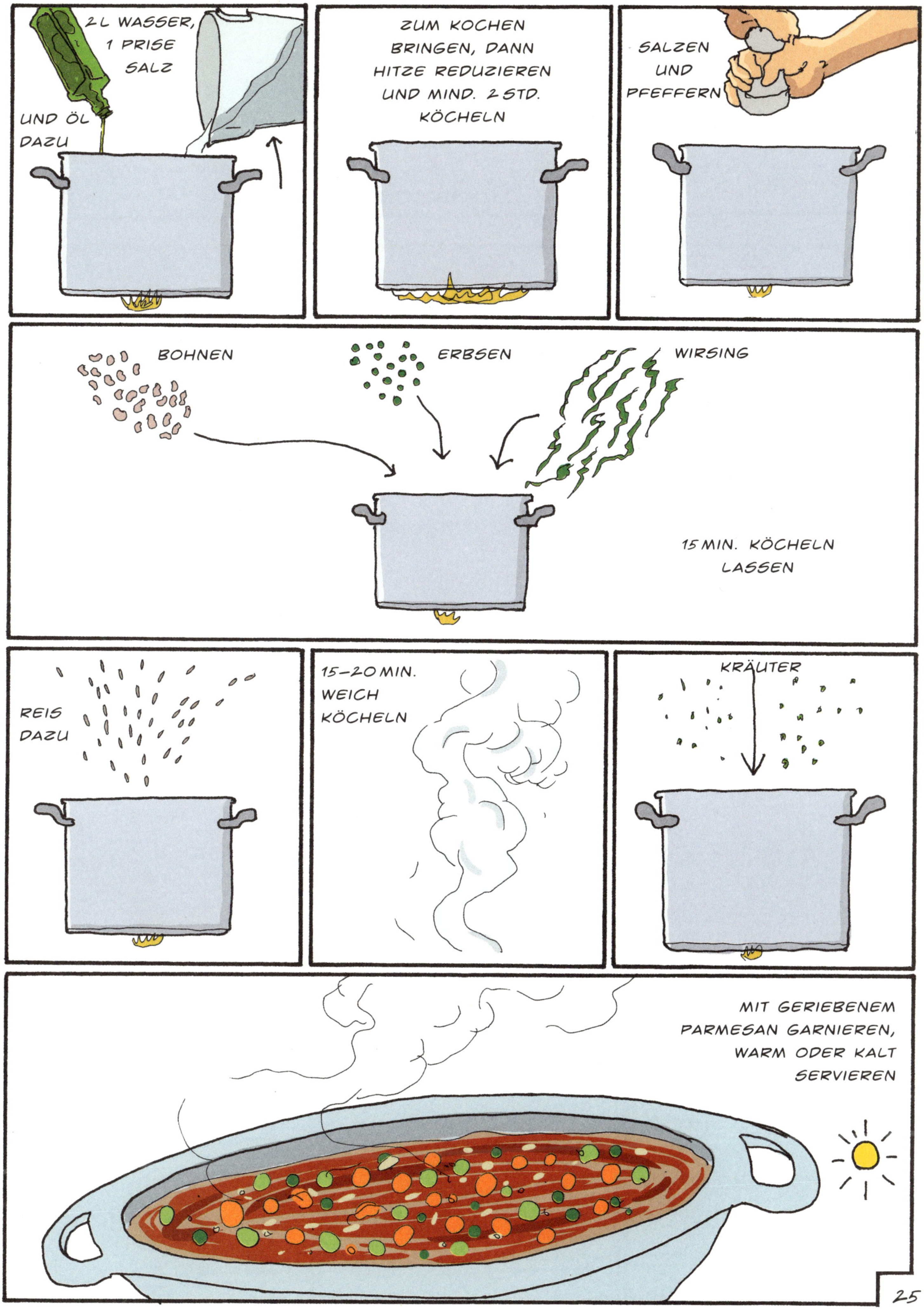

2 L WASSER,
1 PRISE
SALZ
UND ÖL
DAZU
ZUM KOCHEN
BRINGEN, DANN
HITZE REDUZIEREN
UND MIND. 2 STD.
KÖCHELN
SALZEN
UND
PFEFFERN
BOHNEN
ERBSEN
WIRSING
15 MIN. KÖCHELN
LASSEN
REIS
DAZU
15–20 MIN.
WEICH
KÖCHELN
KRÄUTER
MIT GERIEBENEM
PARMESAN GARNIEREN,
WARM ODER KALT
SERVIEREN

PANZAROTTI

FÜR 4 PERSONEN

VORBEREITUNG: 3¾ STD.

GARZEIT: 8–10 MIN.

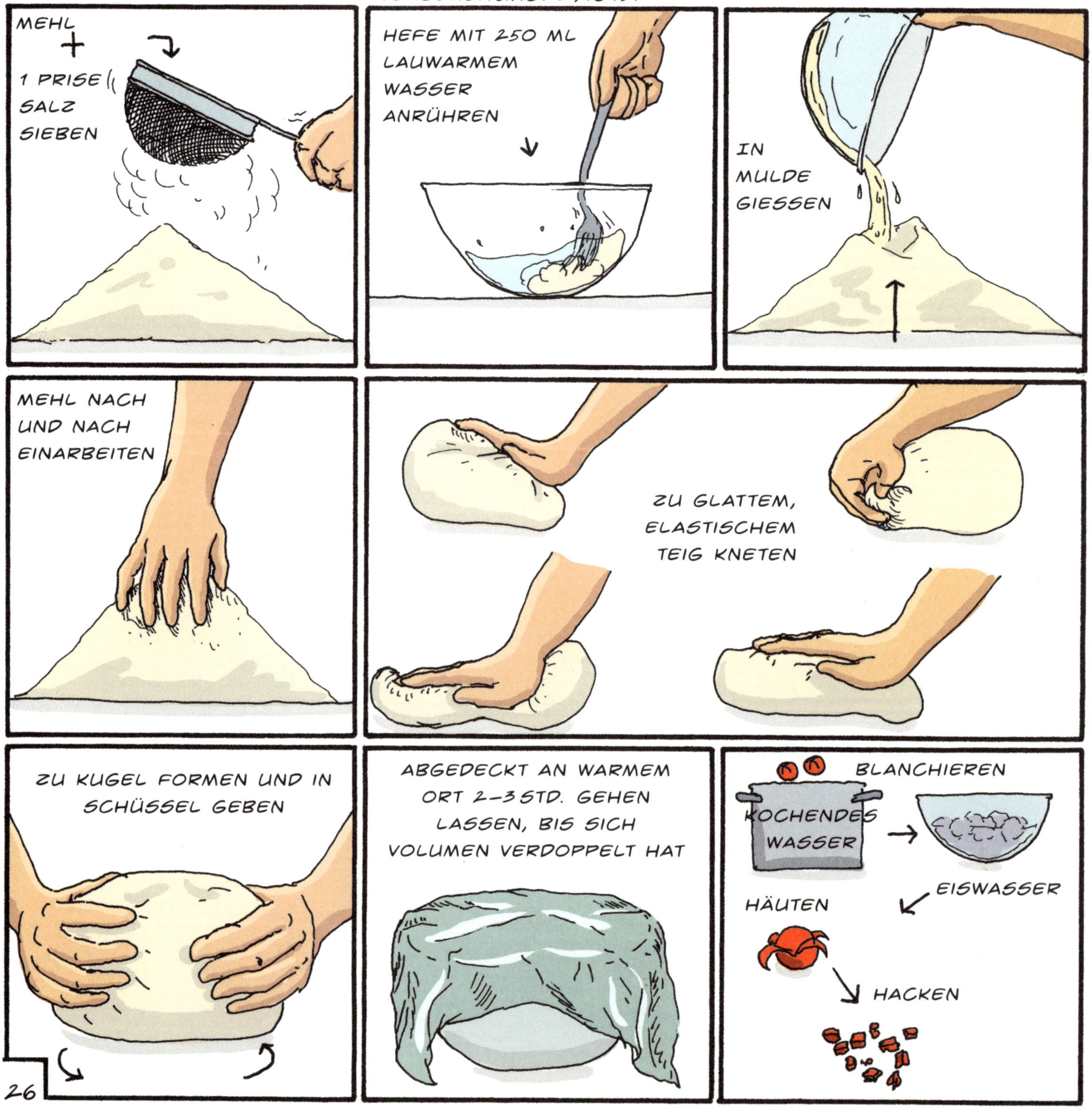

SCHINKEN WÜRFELN ...
... UNTER RICOTTA MISCHEN UND WÜRZEN
TEIG IN 8 PORTIONEN TEILEN
ZU DICKEN KREISEN AUSROLLEN
BEMEHLTE ARBEITSFLÄCHE
RICOTTA AUF KREIS-HÄLFTE GEBEN
MIT TOMATEN BESTREUEN
ZUSAMMENKLAPPEN UND RÄNDER ZUSAMMEN-DRÜCKEN
ÖL AUF 180°C ERHITZEN
(BROTWÜRFEL BRAUN IN 30 SEK.)
8–10 MIN. GOLDBRAUN FRITTIEREN
MIT SCHAUMLÖFFEL HERAUSNEHMEN, AUF KÜCHEN-KREPP ABTROPFEN LASSEN UND SERVIEREN

RIBOLLITA

FÜR 4 PERSONEN | VORBEREITUNG: 30 MIN. | GARZEIT: 2½ STD.

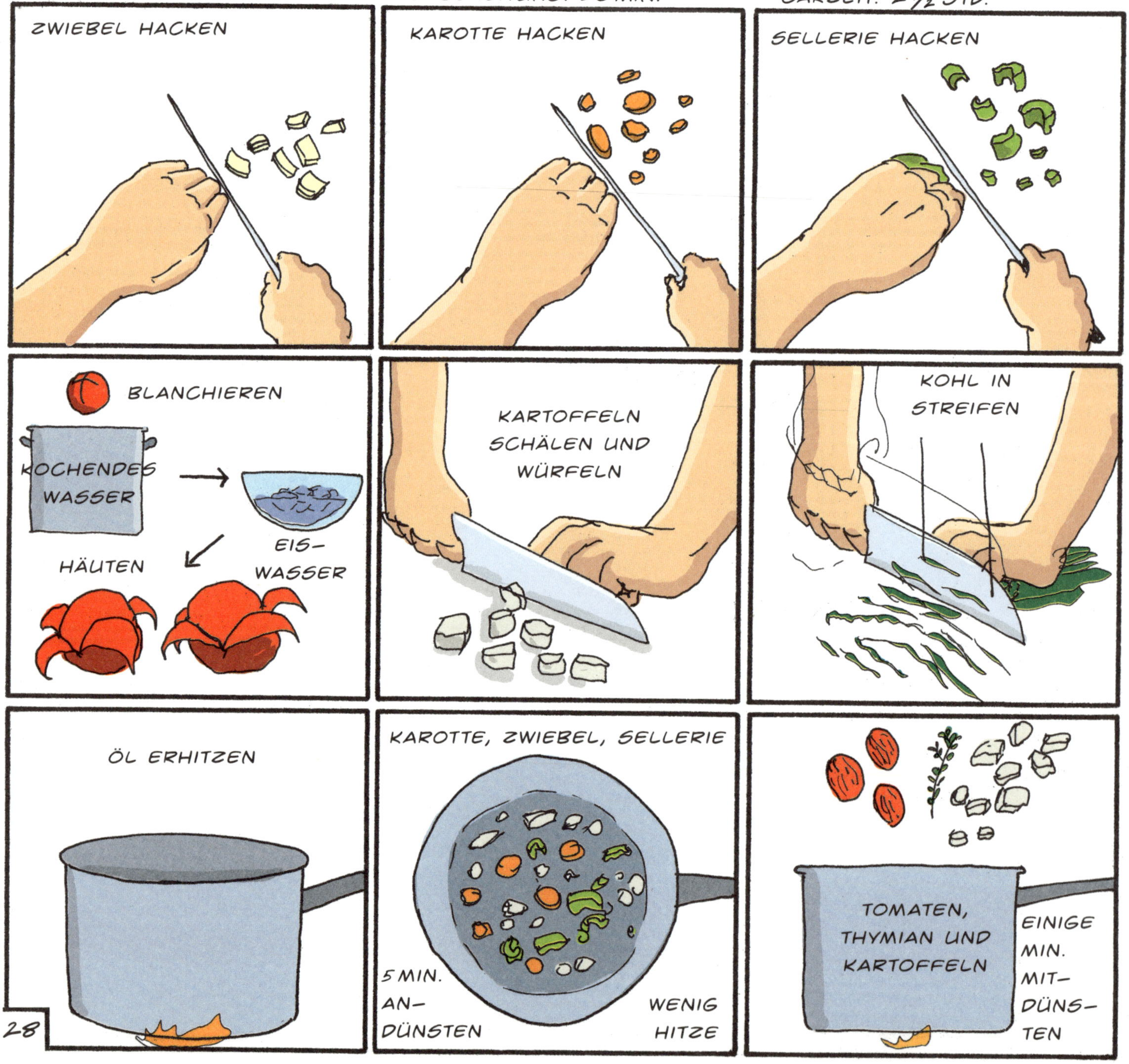

KOHL ...
... UND BOHNEN DAZU
2 L WASSER ZUGIESSEN UND SALZEN
AUFKOCHEN, HITZE REDUZIEREN UND 2 STD. KÖCHELN LASSEN
BACKOFEN AUF 180°C VORHEIZEN
BROT SCHNEIDEN
BODEN EINER KASSEROLLE MIT BROTSCHEIBEN AUSLEGEN
SUPPE DARAUF
10 MIN. IM OFEN GAREN
PFEFFERN UND MIT ÖL BETRÄUFELN
SERVIEREN

PANZANELLA

FÜR 4 PERSONEN

VORBEREITUNG: 10 MIN.

BOHNENSALAT MIT SPINAT & SPECK

FÜR 4 PERSONEN   VORBEREITUNG: 10 MIN.   GARZEIT: 5 MIN.

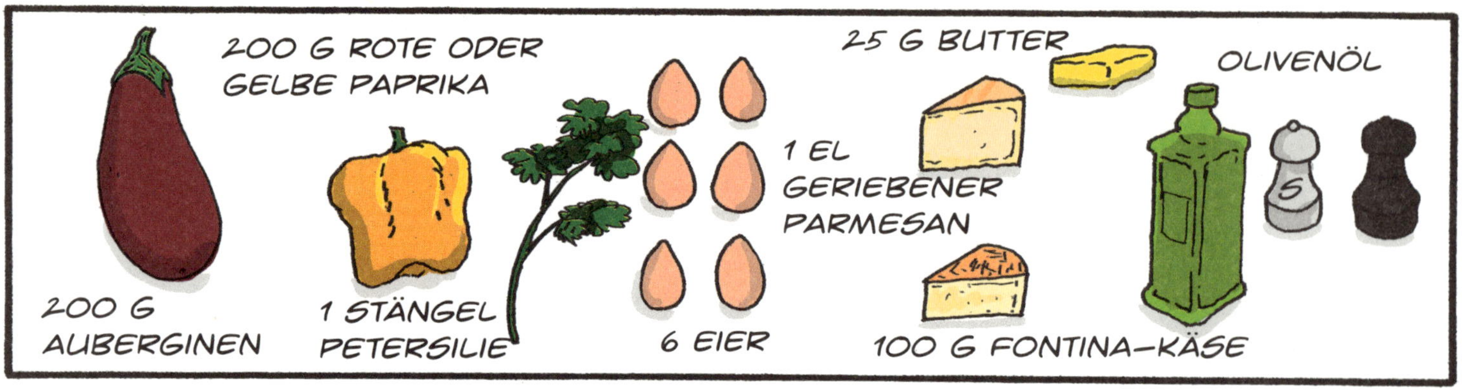

FRITTATA

FÜR 6 PERSONEN | VORBEREITUNG: 30 MIN. | GARZEIT: 30 MIN.

1 EL OLIVENÖL
+
BUTTER
ERHITZEN
INHALT SCHÜSSEL 1 IN PFANNE GIESSEN UND GAREN, BIS UNTERSEITE GESTOCKT IST
AUF TELLER GLEITEN LASSEN
Garen
INHALT VON SCHÜSSEL 2 UND 3 GENAUSO GAREN
BACKFORM MIT BACKPAPIER AUSKLEIDEN
FONTINA IN SCHEIBEN SCHNEIDEN
1 PETERSILIENFRITTATA IN FORM GEBEN
WEICHE SEITE OBEN
MIT AUBERGINEN UND …
… DER HÄLFTE DES FONTINA BELEGEN
PARMESANFRITTATA DARAUF
WEICHE SEITE NACH OBEN
MIT PAPRIKASTREIFEN UND …
… RESTLICHEM FONTINA BELEGEN
ZWEITE PETERSILIENFRITTATA DARAUF
WEICHE SEITE NACH UNTEN
BACKEN
10 MIN.
WARM ODER KALT SERVIEREN

PASTA

LASAGNE BOLOGNESE

FÜR 4 PERSONEN　　VORBEREITUNG: 2 STD. 50 MIN.　　BACKZEIT: 30 MIN.

MEHL EIN-
STREUEN
LANGSAM MILCH
ZUGIESSEN
RÜHREN, BIS
MISCHUNG
GLATT IST
UNTER RÜHREN ZUM
KOCHEN BRINGEN
DECKEL DARAUF
20 MIN. KÖCHELN LASSEN,
AB UND ZU RÜHREN
SALZEN +
PFEFFERN
ETWAS
MUSKAT
DAZU
AUFLAUFFORM
EINFETTEN
PASTAPLATTEN AL DENTE
KOCHEN, ABTROPFEN
KOCHENDES
SALZWASSER
FORM MIT
TEIGPLATTEN
AUSLEGEN
EINE SCHICHT FLEISCH- UND BECHAMEL-
SAUCE DARÜBER
BUTTER-
FLOCKEN
DARAUF
MIT PARMESAN
BESTREUEN
SCHICHTEN WIEDER-
HOLEN, BIS PASTA
UND SAUCEN AUFGE-
BRAUCHT SIND,
30 MIN. BACKEN

ERBSEN-SCHINKEN-TAGLIATELLE

FÜR 4 PERSONEN VORBEREITUNG: 15 MIN. GARZEIT: 35 MIN.

KARTOFFEL-SPINAT-GNOCCHI

FÜR 4 PERSONEN VORBEREITUNG: 40 MIN. GARZEIT: 25–30 MIN.

FUSILLI MIT PILZEN

FÜR 4 PERSONEN VORBEREITUNG: 20 MIN. GARZEIT: 1 STD.

SPAGHETTI CARBONARA

FÜR 4 PERSONEN VORBEREITUNG: 15 MIN. GARZEIT: 20 MIN.

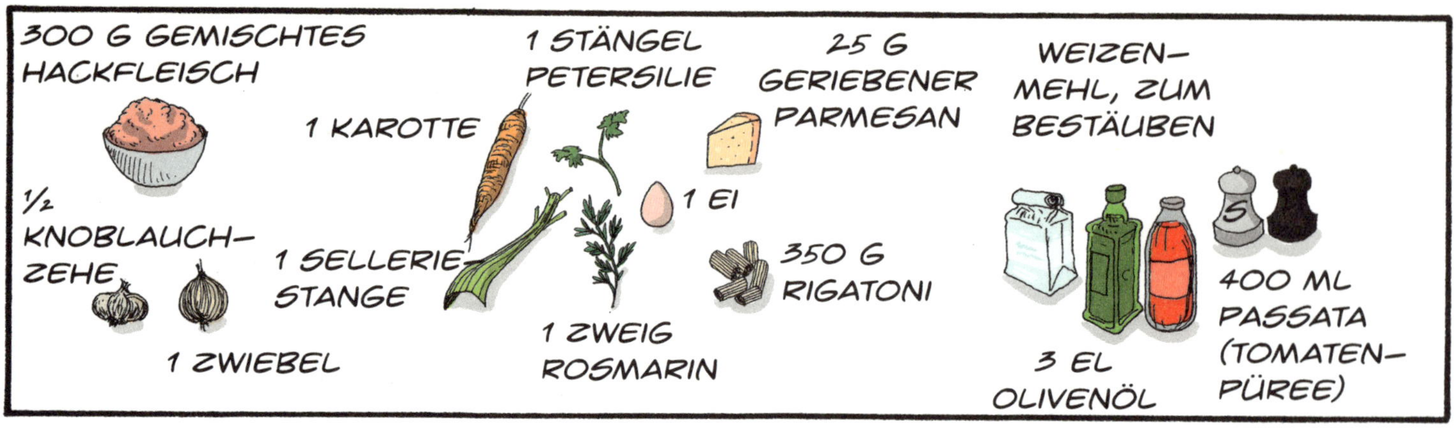

RIGATONI MIT HACKBÄLLCHEN

FÜR 4 PERSONEN VORBEREITUNG: 20 MIN. GARZEIT: 1 STD.

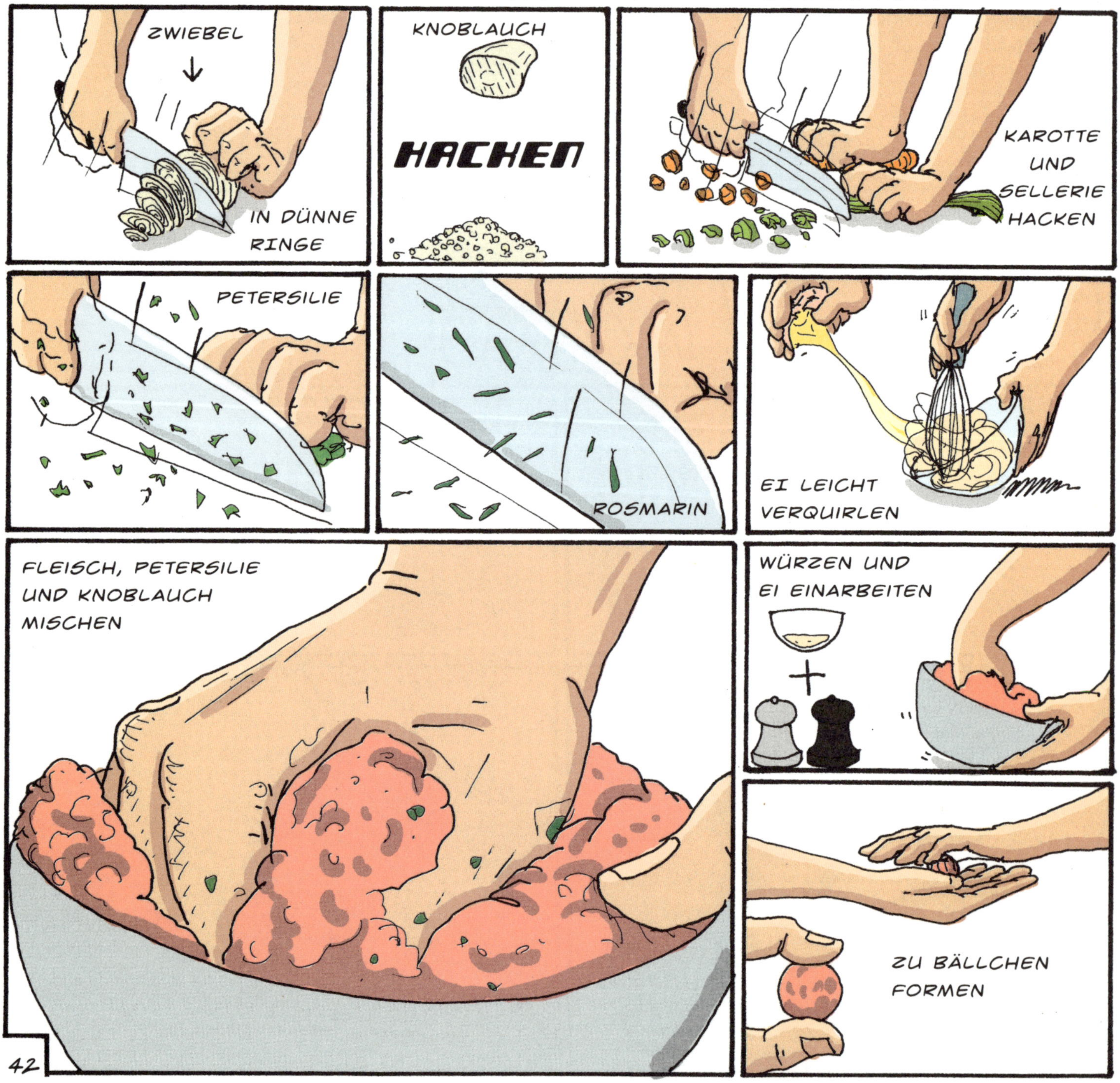

MIT MEHL BESTÄUBEN
ERHITZEN
OLIVENÖL
WENIG HITZE
ZWIEBEL
KAROTTE
SELLERIE
ROSMARIN
5 MIN. ANDÜNSTEN
WENIG HITZE
HACK-BÄLLCHEN DAZU
MITTLERE HITZE
RUNDUM ANBRÄUNEN
WÜRZEN UND PASSATA DAZU
40 MIN. KÖCHELN
AB UND ZU UMRÜHREN
KOCHENDES SALZWASSER
ABTROPFEN
IN DIE SAUCE GEBEN, 2 MIN. ERHITZEN
DELIZIOSO!
MIT PARMESAN BESTREUEN

RICOTTA-SPINAT-RAVIOLI

FÜR 6 PERSONEN VORBEREITUNG: 2 STD. GARZEIT: 10 MIN.

2 EIER UND ...
... 2 EL PARMESAN DAZU
Rühren
BIS FÜLLUNG GANZ GLATT IST
TEIG AUSROLLEN UND TROCKNEN LASSEN
FÜLLUNG
NACH DEM UMKLAPPEN 5 CM BREIT
TEIG ZUSAMMENKLAPPEN UND UM FÜLLUNG ANDRÜCKEN
IN QUADRATE SCHNEIDEN
BUTTER ZERLASSEN UND SALBEI GOLDBRAUN BRATEN
WENIG HITZE
RAVIOLI KOCHEN UND ABTROPFEN
FRISCHE RAVIOLI 1–2 MIN. GAR ZIEHEN LASSEN!
120 G RICOTTA UND GERIEBENER PARMESAN
SALBEIBUTTER DARÜBER
SERVIEREN

LINGUINE MIT PESTO

FÜR 4 PERSONEN VORBEREITUNG: 30 MIN. GARZEIT: 12–15 MIN.

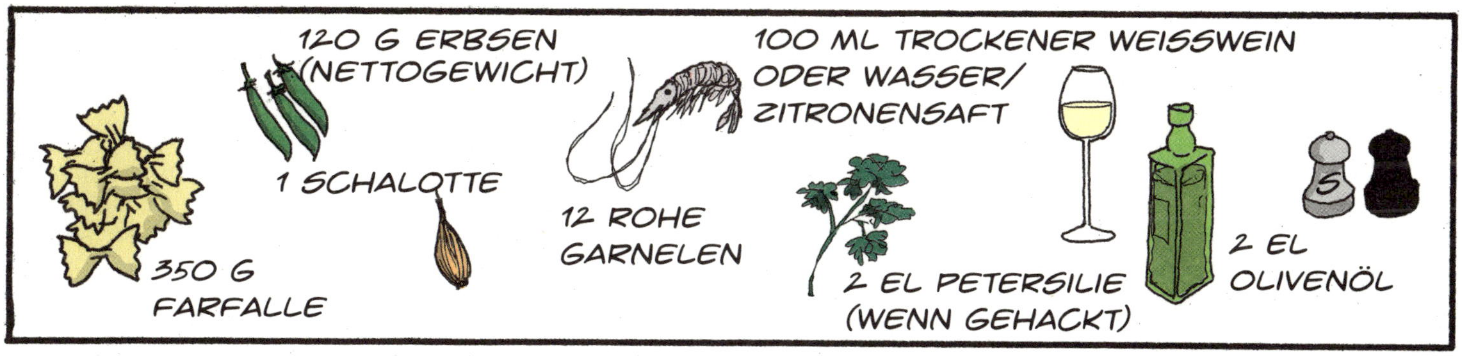

FARFALLE MIT GARNELEN

FÜR 4 PERSONEN VORBEREITUNG: 20 MIN. GARZEIT: 30 MIN.

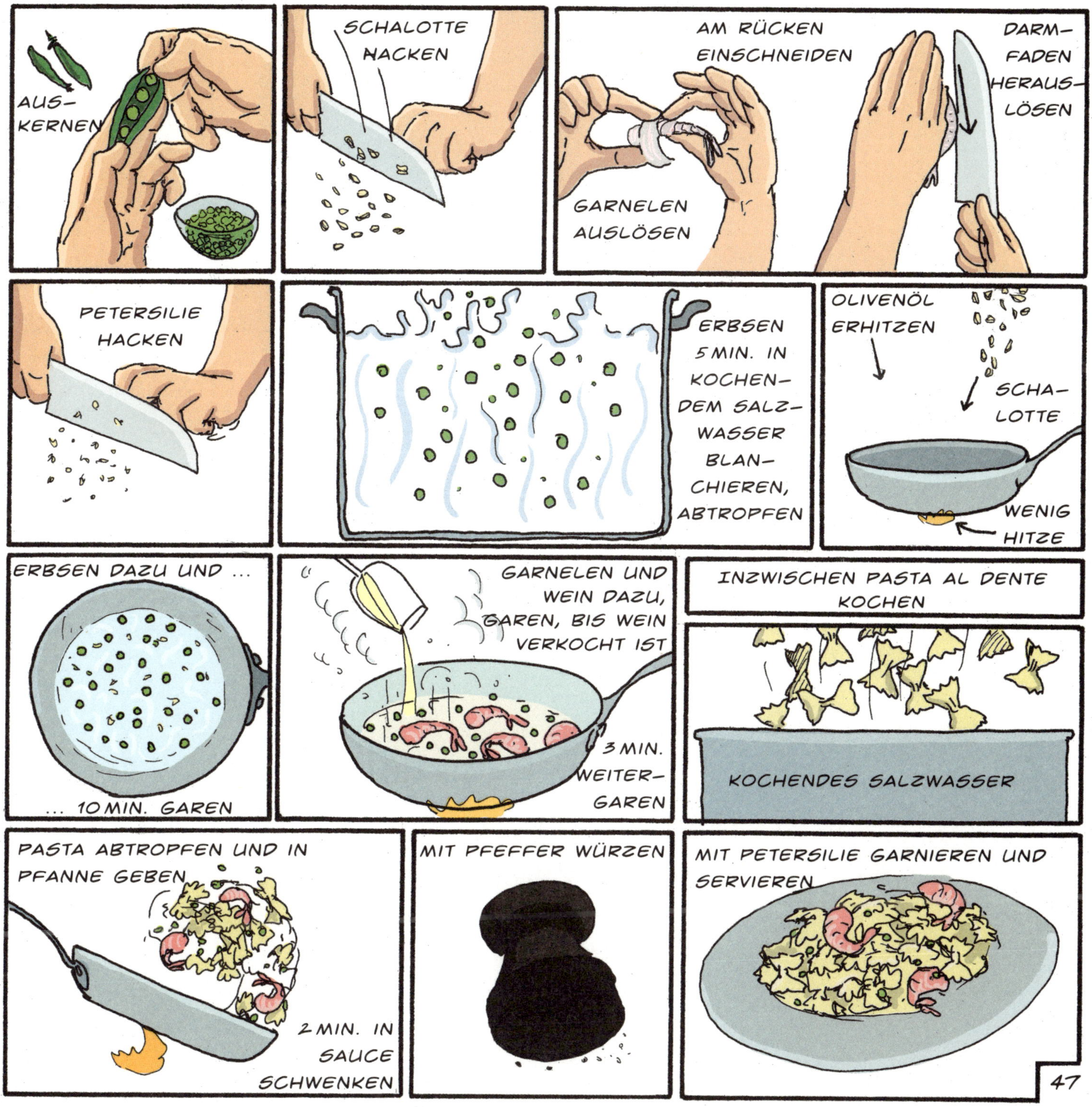

HAUPT GERICHTE

RINDERBRATEN MIT KAROTTEN

FÜR 6 PERSONEN VORBEREITUNG: 20 MIN. GARZEIT: 2½ STD.

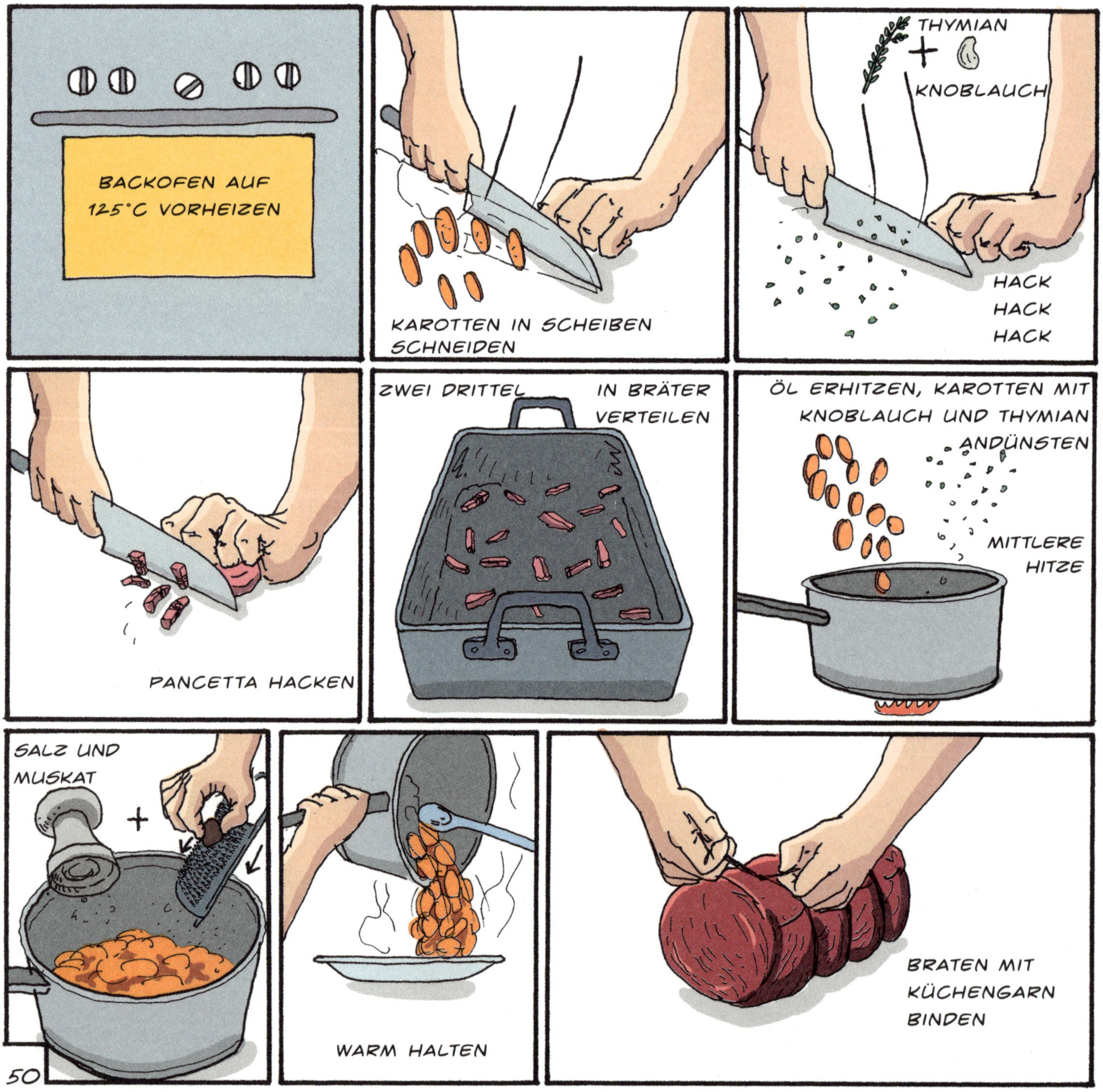

FLEISCH RUNDUM
ANBRÄUNEN
LEICHT SALZEN
WEINBRAND ZUGIESSEN
VERKOCHEN LASSEN
ERSATZWEISE WASSER ODER BRÜHE VERWENDEN
KAROTTEN UND SELLERIEGRÜN DAZU
RESTLICHEN PANCETTA DARÜBERGEBEN
MIT ALUFOLIE ABDECKEN
2 STD. BRATEN, BIS KAROTTEN KARAMELLISIERT SIND
KÜCHEN-GARN WEG
MIND. 15 MIN. RUHEN LASSEN
TRANCHIEREN
AUF VORGE-WÄRMTER PLATTE ANRICHTEN

STEAK PIZZAIOLA

FÜR 4 PERSONEN VORBEREITUNG: 30 MIN. GARZEIT: 10 MIN.

MUSCHELN MARINARA

FÜR 4 PERSONEN VORBEREITUNG: 25 MIN. GARZEIT: 5 MIN.

GEFÜLLTE HÄHNCHENSCHNITZEL

FÜR 4 PERSONEN — VORBEREITUNG: 50 MIN. — GARZEIT: 30 MIN.

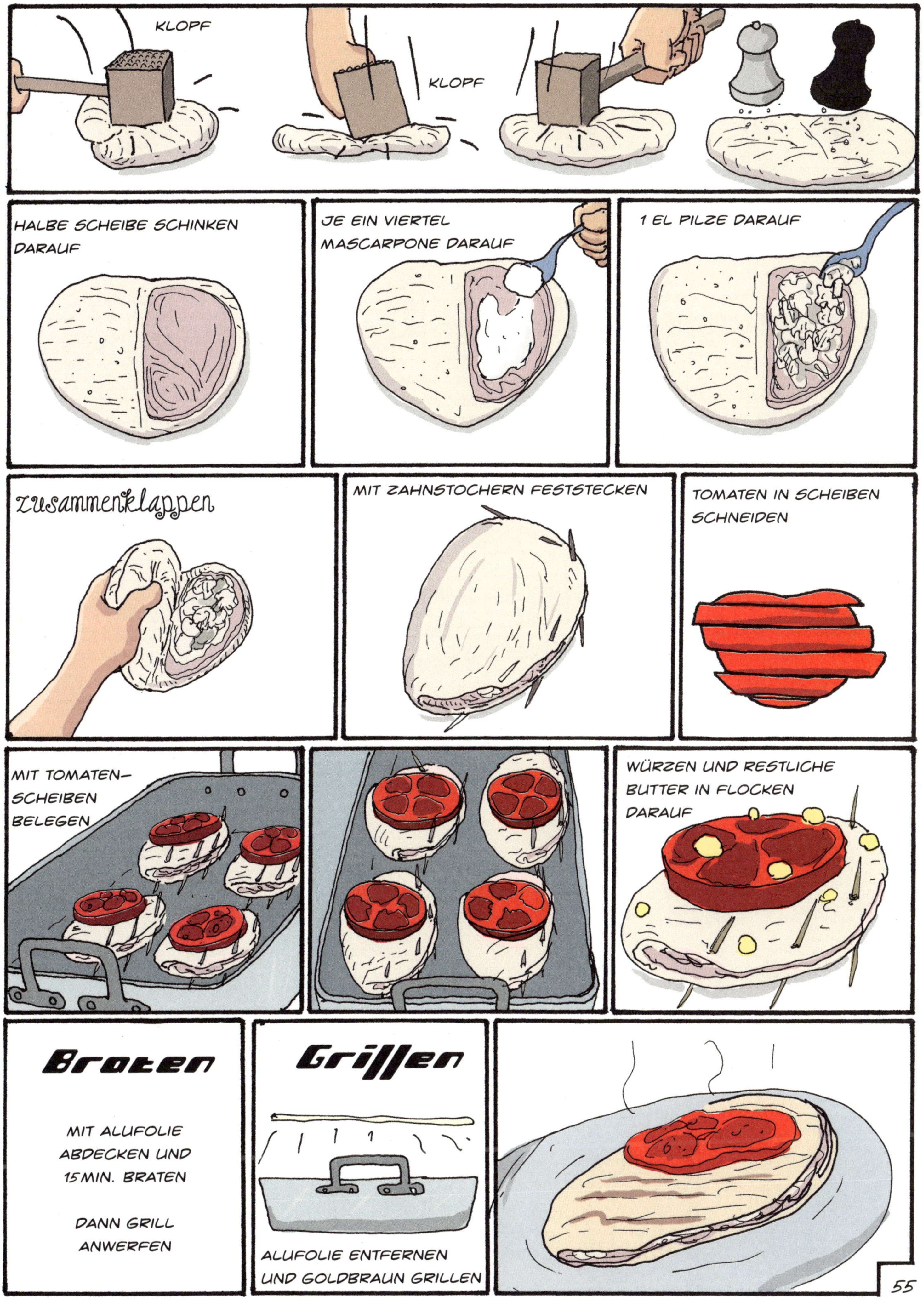
KLOPF
KLOPF
HALBE SCHEIBE SCHINKEN DARAUF
JE EIN VIERTEL MASCARPONE DARAUF
1 EL PILZE DARAUF
zusammenklappen
MIT ZAHNSTOCHERN FESTSTECKEN
TOMATEN IN SCHEIBEN SCHNEIDEN
MIT TOMATEN-SCHEIBEN BELEGEN
WÜRZEN UND RESTLICHE BUTTER IN FLOCKEN DARAUF
Braten
MIT ALUFOLIE ABDECKEN UND 15 MIN. BRATEN
DANN GRILL ANWERFEN
Grillen
ALUFOLIE ENTFERNEN UND GOLDBRAUN GRILLEN

RIPPCHEN MIT POLENTA

FÜR 4 PERSONEN VORBEREITUNG: 1½ STD. GARZEIT: 1½ STD.

STEAKS MIT SALBEIBUTTER

FÜR 4 PERSONEN VORBEREITUNG: 10 MIN. GARZEIT: 15 MIN.

GRILLSARDINEN

FÜR 4 PERSONEN VORBEREITUNG: 25 MIN. GARZEIT: 4–5 MIN.

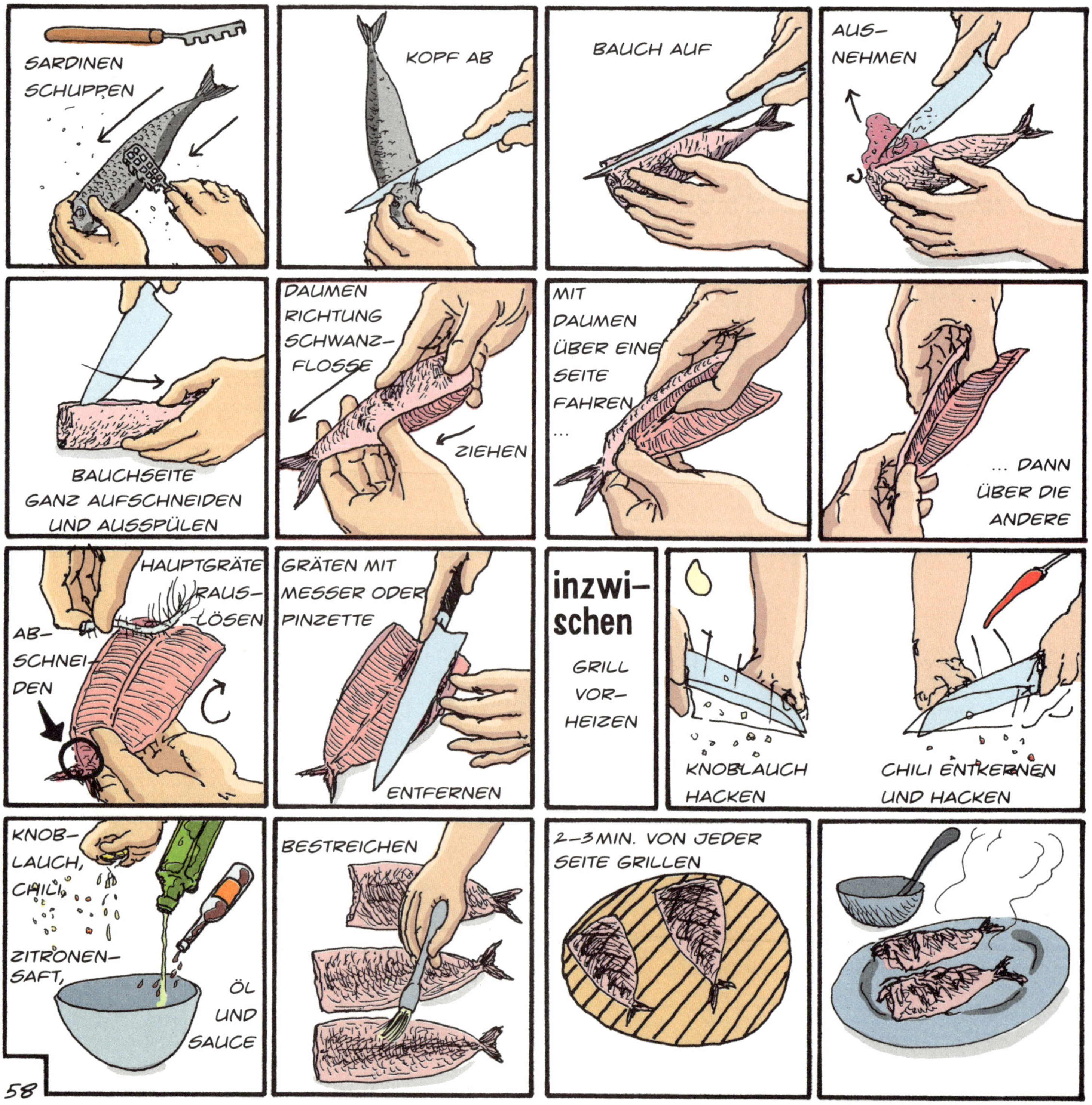

HECHT MIT GRÜNER SAUCE

FÜR 4 PERSONEN VORBEREITUNG: 15 MIN. GARZEIT: 10 MIN.

HÄHNCHEN CACCIATORE

FÜR 4 PERSONEN VORBEREITUNG: 25 MIN. GARZEIT: 1 STD.

HÄHNCHEN IN SALZKRUSTE

FÜR 4 PERSONEN VORBEREITUNG: 30 MIN. GARZEIT: 1½ STD.

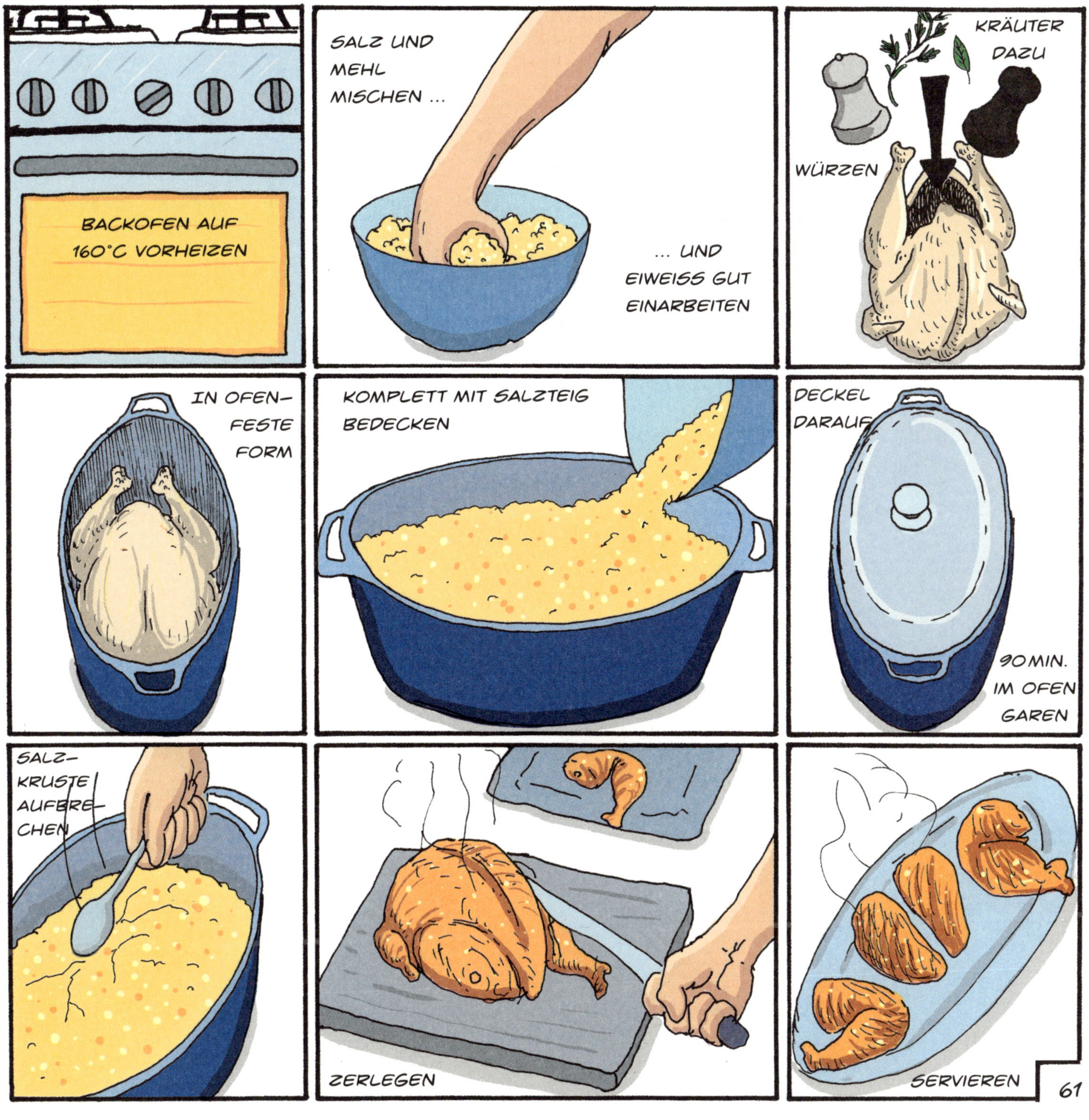

FISCHPÄCKCHEN

FÜR 4 PERSONEN — VORBEREITUNG: 20 MIN. — GARZEIT: 15 MIN.

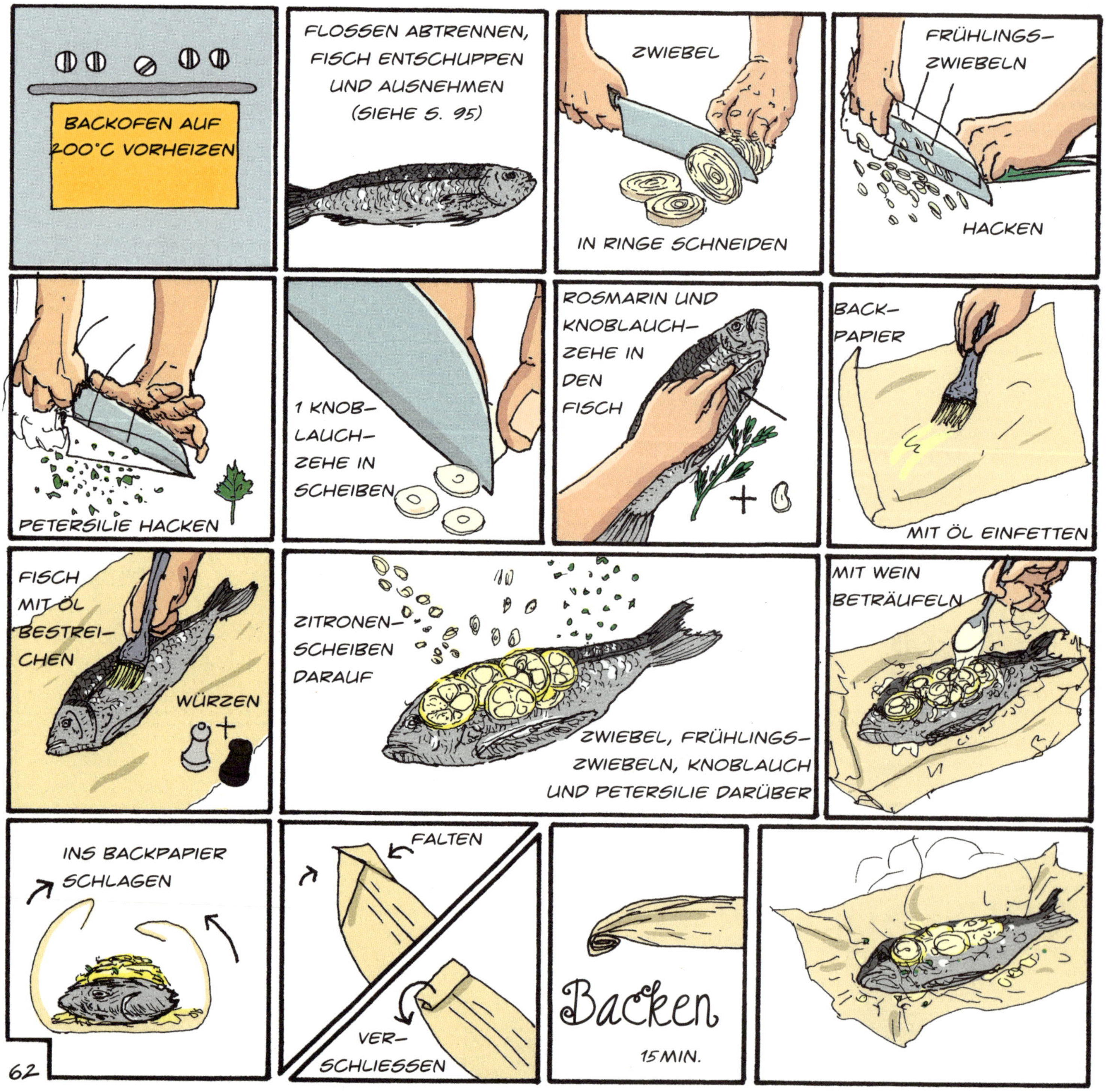

GESCHMORTER THUNFISCH

FÜR 4 PERSONEN VORBEREITUNG: 20 MIN. GARZEIT: 55 MIN.

SPARGELRISOTTO

FÜR 4 PERSONEN VORBEREITUNG: 1¼ STD. GARZEIT: 30 MIN.

SPARGELSPITZEN 5 MIN. ANBRATEN, AB UND ZU RÜHREN, DANN BEISEITESTELLEN
WENIG HITZE
25 G BUTTER MIT ÖL ZERLASSEN
+
ZWIEBEL
5 MIN. AN-DÜNSTEN
WENIG HITZE
REIS EINRÜHREN, BIS ER GLÄNZT
SPARGELSTÜCKE DAZU
EINE KELLE BRÜHE UNTERRÜHREN
RÜHREN, BIS DIE BRÜHE AUFGESOGEN IST
REST BRÜHE …
KELLENWEISE ZUGIESSEN …
… UND RÜHREN, BIS SIE AUFGESOGEN IST
DAS DAUERT 18–20 MIN.
DER REIS SOLLTE GAR, ABER NOCH
al dente!
SEIN
ITALIENER NENNEN DAS ALMA BIANCA (WEISSE SEELE)
RESTLICHE BUTTER UND SPARGELSPITZEN UNTERMISCHEN
MIT GERIEBENEM PARMESAN SERVIEREN

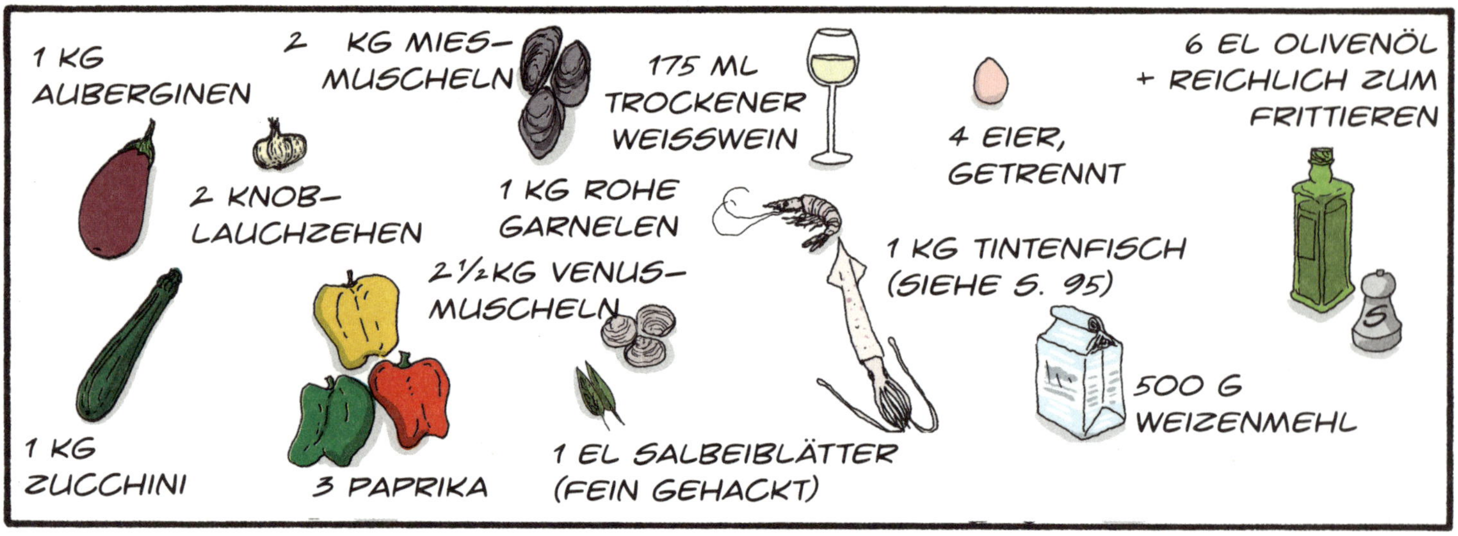

FRITTO MISTO

FÜR 16 PERSONEN   VORBEREITUNG: 1½ STD.   GARZEIT: 30–40 MIN.

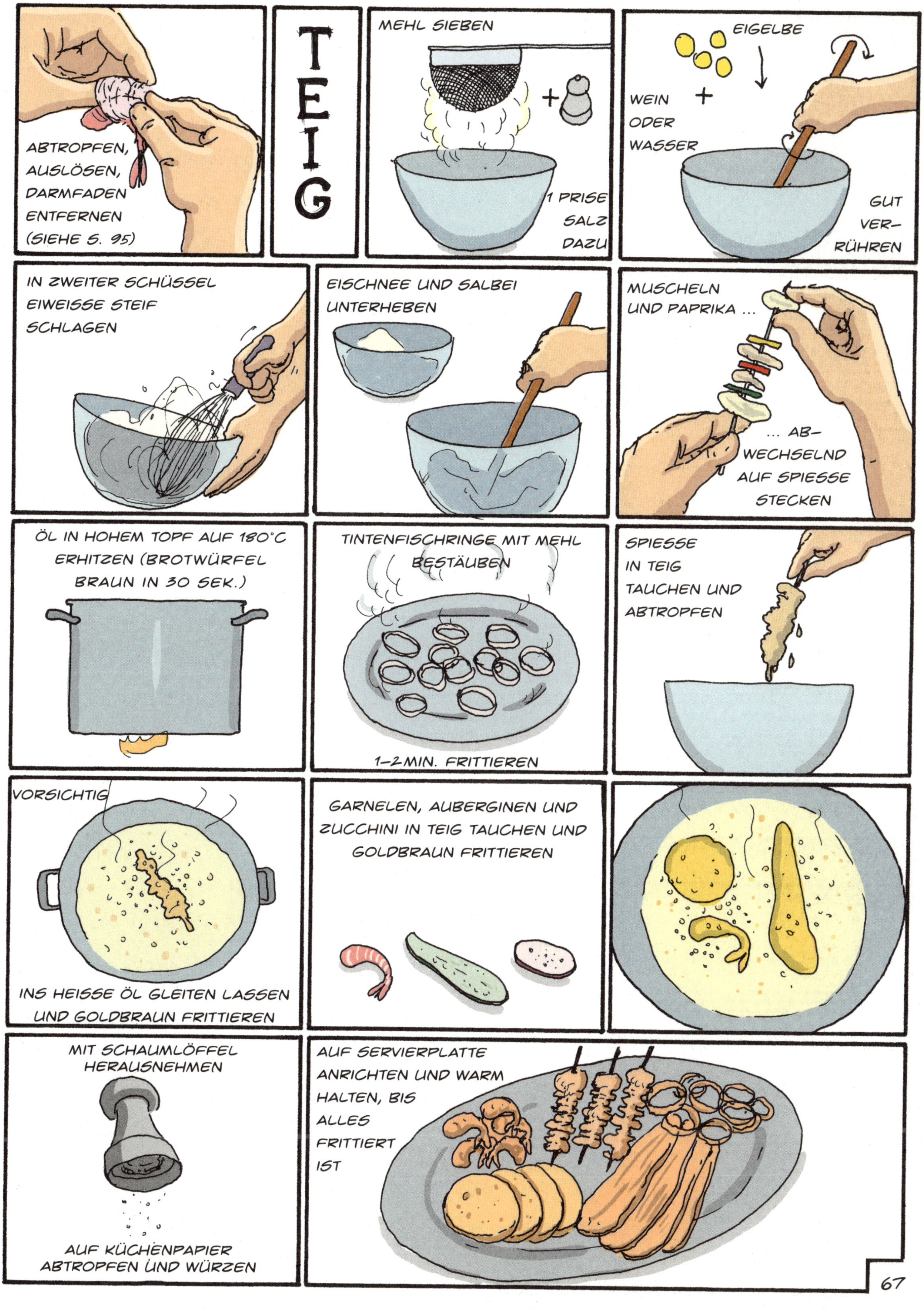
ABTROPFEN, AUSLÖSEN, DARMFADEN ENTFERNEN (SIEHE S. 95)
TEIG
MEHL SIEBEN
+
1 PRISE SALZ DAZU
EIGELBE
WEIN ODER WASSER
+
GUT VERRÜHREN
IN ZWEITER SCHÜSSEL EIWEISSE STEIF SCHLAGEN
EISCHNEE UND SALBEI UNTERHEBEN
MUSCHELN UND PAPRIKA …
… ABWECHSELND AUF SPIESSE STECKEN
ÖL IN HOHEM TOPF AUF 180°C ERHITZEN (BROTWÜRFEL BRAUN IN 30 SEK.)
TINTENFISCHRINGE MIT MEHL BESTÄUBEN
1–2 MIN. FRITTIEREN
SPIESSE IN TEIG TAUCHEN UND ABTROPFEN
VORSICHTIG
INS HEISSE ÖL GLEITEN LASSEN UND GOLDBRAUN FRITTIEREN
GARNELEN, AUBERGINEN UND ZUCCHINI IN TEIG TAUCHEN UND GOLDBRAUN FRITTIEREN
MIT SCHAUMLÖFFEL HERAUSNEHMEN
AUF KÜCHENPAPIER ABTROPFEN UND WÜRZEN
AUF SERVIERPLATTE ANRICHTEN UND WARM HALTEN, BIS ALLES FRITTIERT IST

RUCOLA-KÄSE-QUICHE

FÜR 6 PERSONEN VORBEREITUNG: 15 MIN., PLUS 1 STD. RUHEN BACKZEIT: 40 MIN.

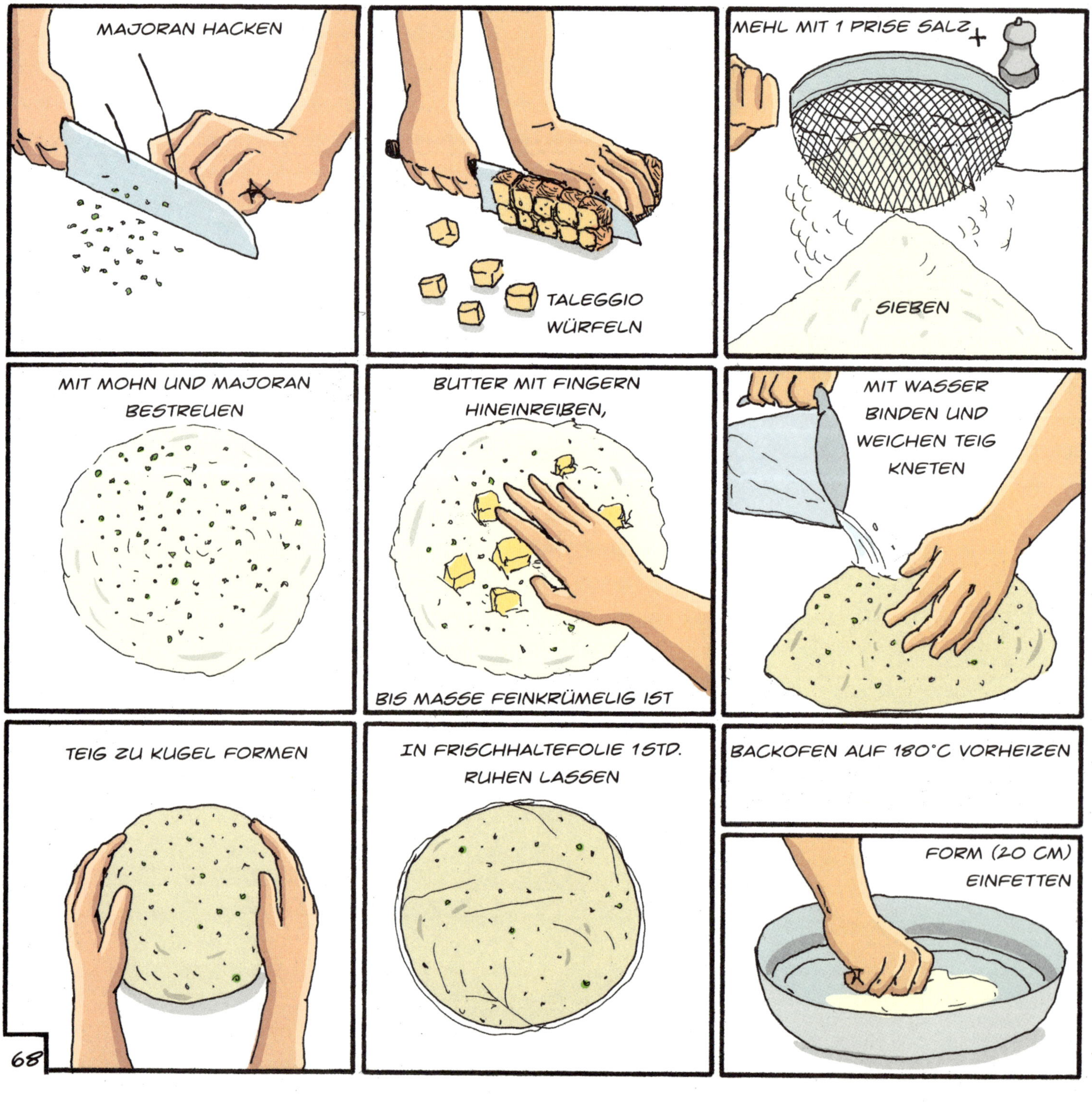

RUCOLA 1MIN. BLANCHIEREN
KOCHENDES SALZWASSER
ABTROPFEN UND ABKÜHLEN LASSEN, AUSDRÜCKEN
RUCOLA, BEIDE KÄSE-SORTEN, SEMMEL-BRÖSEL UND EIER MIXEN
TEIG AUSROLLEN
BACKFORM DAMIT AUSKLEIDEN
RÄNDER SÄUBERN, RESTLICHEN TEIG AUFBEWAHREN
TEIGBODEN MIT RUCOLA-KÄSE-MASSE FÜLLEN
RESTLICHEN TEIG AUSROLLEN
IN STREIFEN SCHNEIDEN, ENDEN MIT WASSER BEFEUCHTEN
IN GITTERMUSTER AUF FÜLLUNG ANORDNEN
Backen
40MIN.

DESSERTS & KUCHEN

SCHOKO-BIRNEN-TARTE

FÜR 8 PERSONEN VORBEREITUNG: 1 STD., PLUS 1 STD. RUHEN BACKZEIT: 25 MIN.

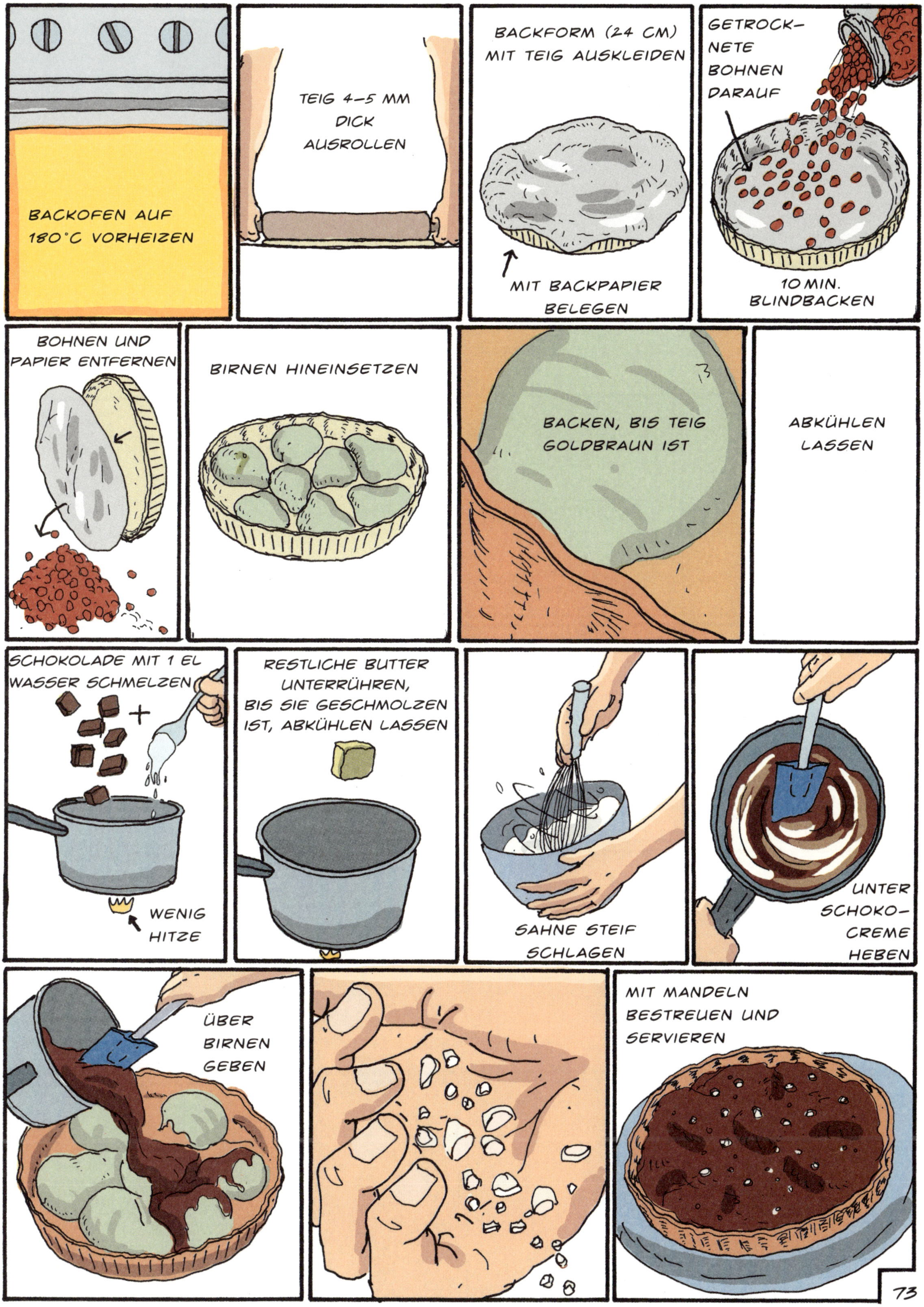
BACKOFEN AUF 180°C VORHEIZEN
TEIG 4–5 MM DICK AUSROLLEN
BACKFORM (24 CM) MIT TEIG AUSKLEIDEN
MIT BACKPAPIER BELEGEN
GETROCKNETE BOHNEN DARAUF
10 MIN. BLINDBACKEN
BOHNEN UND PAPIER ENTFERNEN
BIRNEN HINEINSETZEN
BACKEN, BIS TEIG GOLDBRAUN IST
ABKÜHLEN LASSEN
SCHOKOLADE MIT 1 EL WASSER SCHMELZEN
WENIG HITZE
RESTLICHE BUTTER UNTERRÜHREN, BIS SIE GESCHMOLZEN IST, ABKÜHLEN LASSEN
SAHNE STEIF SCHLAGEN
UNTER SCHOKO-CREME HEBEN
ÜBER BIRNEN GEBEN
MIT MANDELN BESTREUEN UND SERVIEREN

CANTUCCI

FÜR 4 PERSONEN VORBEREITUNG: 30 MIN. BACKZEIT: 45 MIN.

HIMBEER-SEMIFREDDO

FÜR 6–8 PERSONEN VORBEREITUNG: 45 MIN. GEFRIERZEIT: 4 STD.

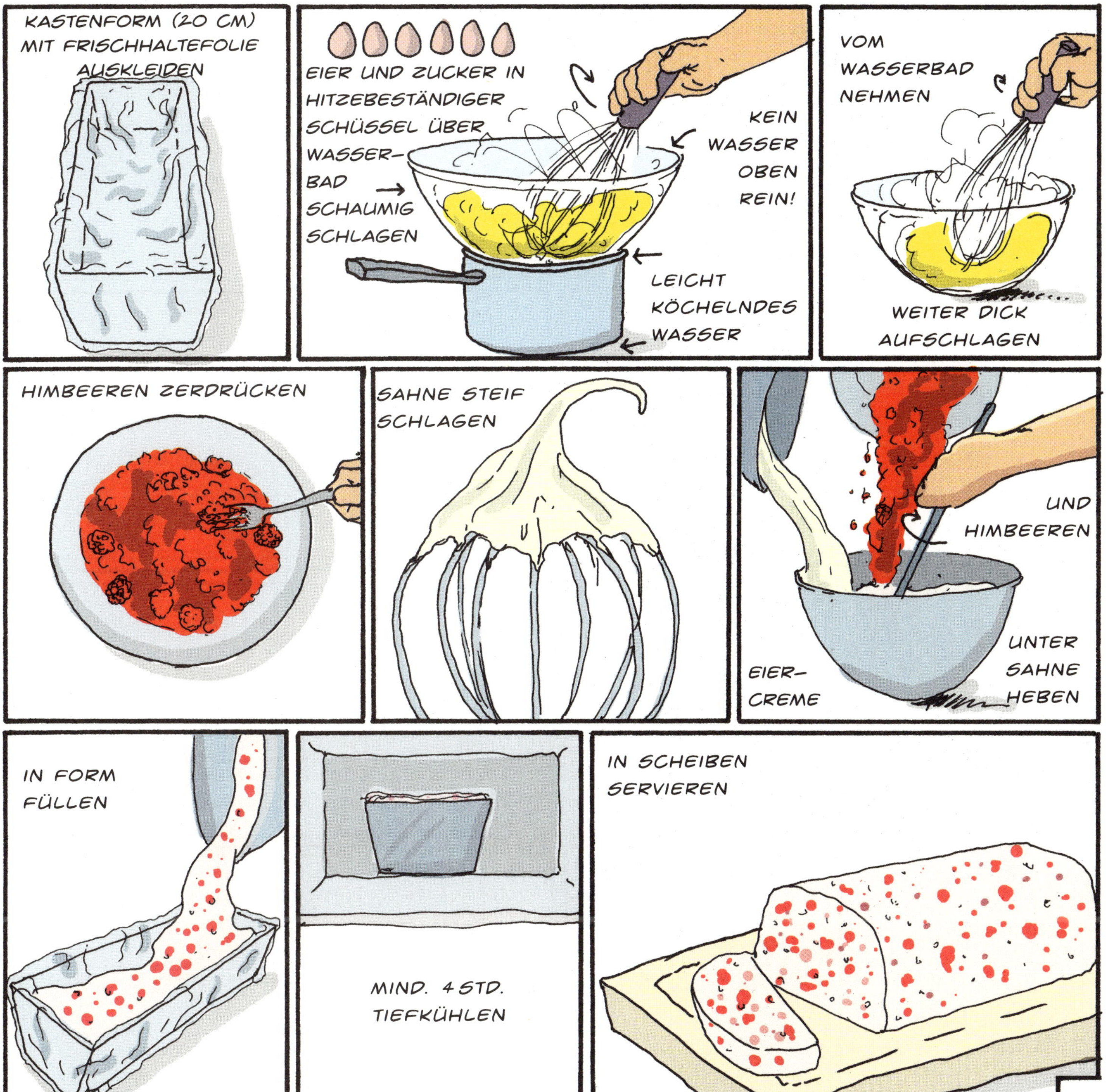

APFELKUCHEN

FÜR 6 PERSONEN VORBEREITUNG: 35 MIN., PLUS ABKÜHLEN BACKZEIT: 40 MIN.

TIRAMISU

FÜR 6 PERSONEN VORBEREITUNG: 15 MIN. KÜHLZEIT: 3 STD.

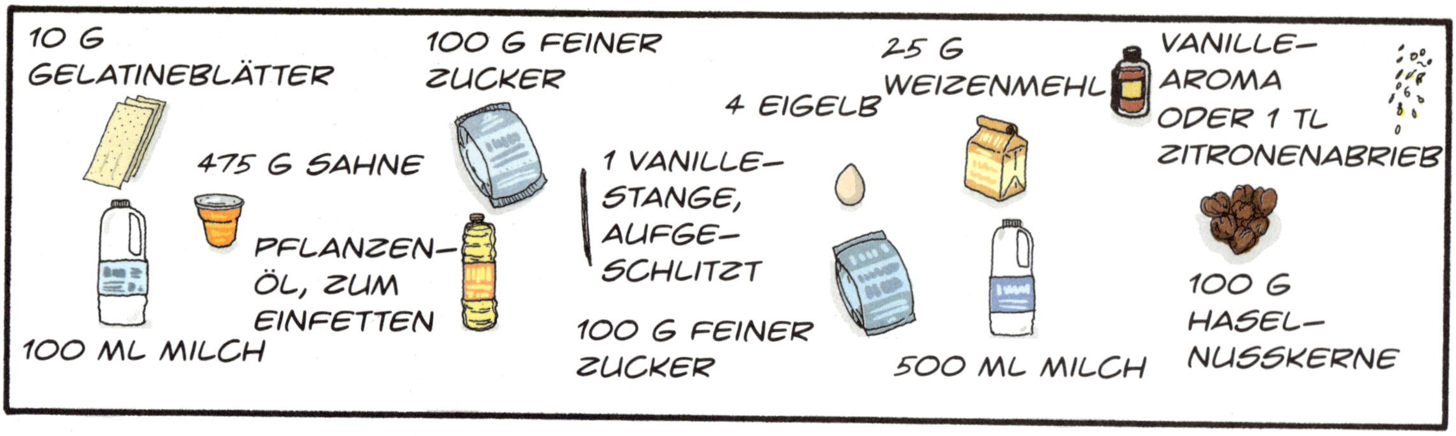

PANNA COTTA

FÜR 6 PERSONEN VORBEREITUNG: 75 MIN. KÜHLZEIT: 4 STD.

MIT HASELNUSSSAUCE

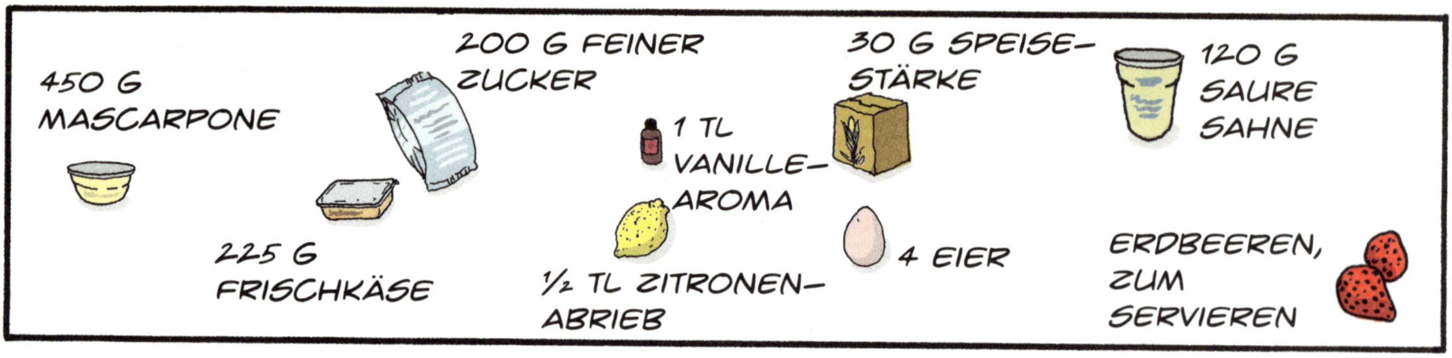

KÄSEKUCHEN

FÜR 6 PERSONEN VORBEREITUNG: 35 MIN., PLUS KÜHLEN BACKZEIT: 1 STD.

TORRONE-SOUFFLÉ

FÜR 6 PRSONEN VORBEREITUNG: 50 MIN., PLUS 30 MIN. RUHEN BACKZEIT: 30 MIN.

ERDBEER-GRANITA

FÜR 4 PERSONEN VORBEREITUNG: 45 MIN., PLUS ABKÜHLEN GEFRIERTZEIT: 3 STD.

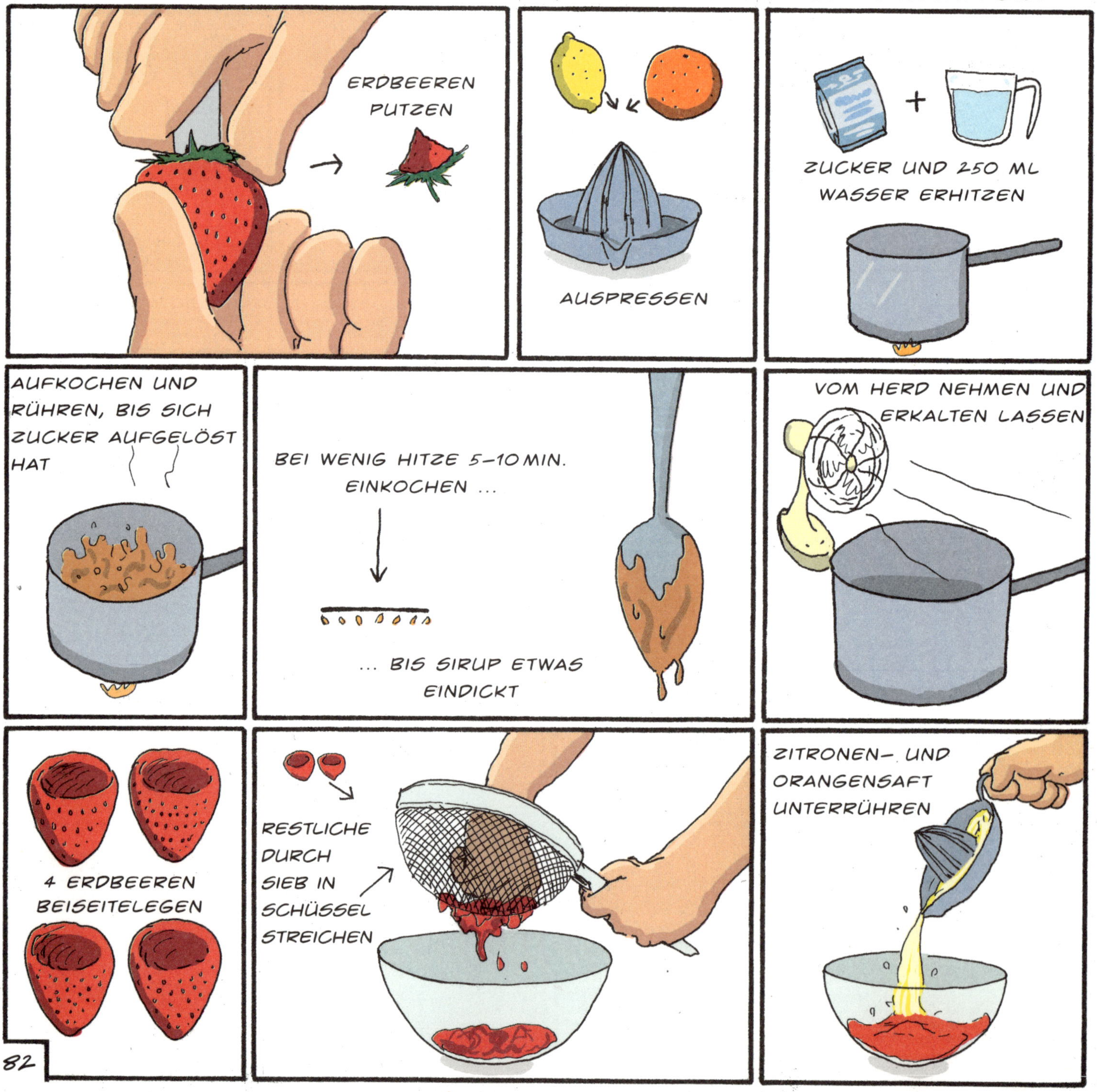

SIRUP UNTER-RÜHREN
MASSE IN GEFRIERFORM FÜLLEN ...
->
... UND ETWA 3 STD. TIEFKÜHLEN
Rühren
ALLE 30 MIN.
IN 4 HOHE GLÄSER FÜLLEN ...
... UND MIT ERDBEEREN GARNIEREN
APRIKOSENVARIANTE:
200 G FEINER ZUCKER
400 G APRIKOSEN, ENTSTEINT UND GEHACKT
1 TL VANILLEAROMA
SAFT VON 1 ZITRONE
MINZEBLÄTTER
ZUCKER UND 200 ML WASSER AUFKOCHEN UND RÜHREN, BIS SICH ZUCKER AUFGELÖST HAT
APRIKOSEN DAZU UND 30 MIN. SANFT KÖCHELN LASSEN
WENIG HITZE
DURCH SIEB STREICHEN
ABKÜHLEN LASSEN
VANILLEAROMA UND ZITRONENSAFT UNTERRÜHREN
+
IN FORM FÜLLEN
3 STD. TIEFKÜHLEN UND ALLE 30 MIN. RÜHREN
IN 4 HOHE GLÄSER FÜLLEN
MIT MINZE-BLÄTTERN GARNIEREN

SCHOKOKUCHEN

FÜR 4–6 PERSONEN VORBEREITUNG: 50 MIN., PLUS KÜHLEN BACKZEIT: 40 MIN.

EIWEISSE STEIF SCHLAGEN
RESTLICHEN PUDERZUCKER UNTERRÜHREN
EISCHNEE UNTER DEN SCHOKOLADENTEIG HEBEN
IN FORM FÜLLEN
Backen
40 MIN.
AUF KUCHENGITTER ABKÜHLEN LASSEN
Kalt stellen
IM KÜHLSCHRANK
IN STÜCKE SCHNEIDEN UND SERVIEREN

BROMBEERKUCHEN

FÜR 6 PERSONEN VORBEREITUNG: 2½ STD. BACKZEIT: 40 MIN.

HEISSE MILCH LANGSAM UNTER RÜHREN IN EIER-MASSE GIESSEN UND 3–4 MIN. ERHITZEN UND EINDICKEN
WENIG HITZE
IN SCHÜSSEL FÜLLEN UND ERKALTEN LASSEN, AB UND ZU UMRÜHREN
BACKOFEN AUF 180°C VORHEIZEN
BACKFORM (28 CM)
EINFETTEN
TEIG AUSROLLEN ...
... AUF LEICHT BEMEHLTER ARBEITSFLÄCHE
FORM MIT TEIG AUSKLEIDEN, MIT GABEL EINSTECHEN
CREME EINFÜLLEN
Backen
35–40 MIN.
INZWISCHEN 350 G BEEREN BEISEITELEGEN
RESTLICHE BEEREN
PÜRIEREN
BEEREN-PÜREE
KON-FITÜRE
MISCHEN
FORM AUS OFEN NEHMEN UND AUF GITTER ERKALTEN LASSEN
BROMBEERMASSE AUF CREME VERSTREICHEN
MIT BEEREN GARNIEREN
SERVIEREN

BEEREN MIT ZABAGLIONE

FÜR 4 PERSONEN VORBEREITUNG: 50 MIN. BACKZEIT (GRILL): 30 MIN.

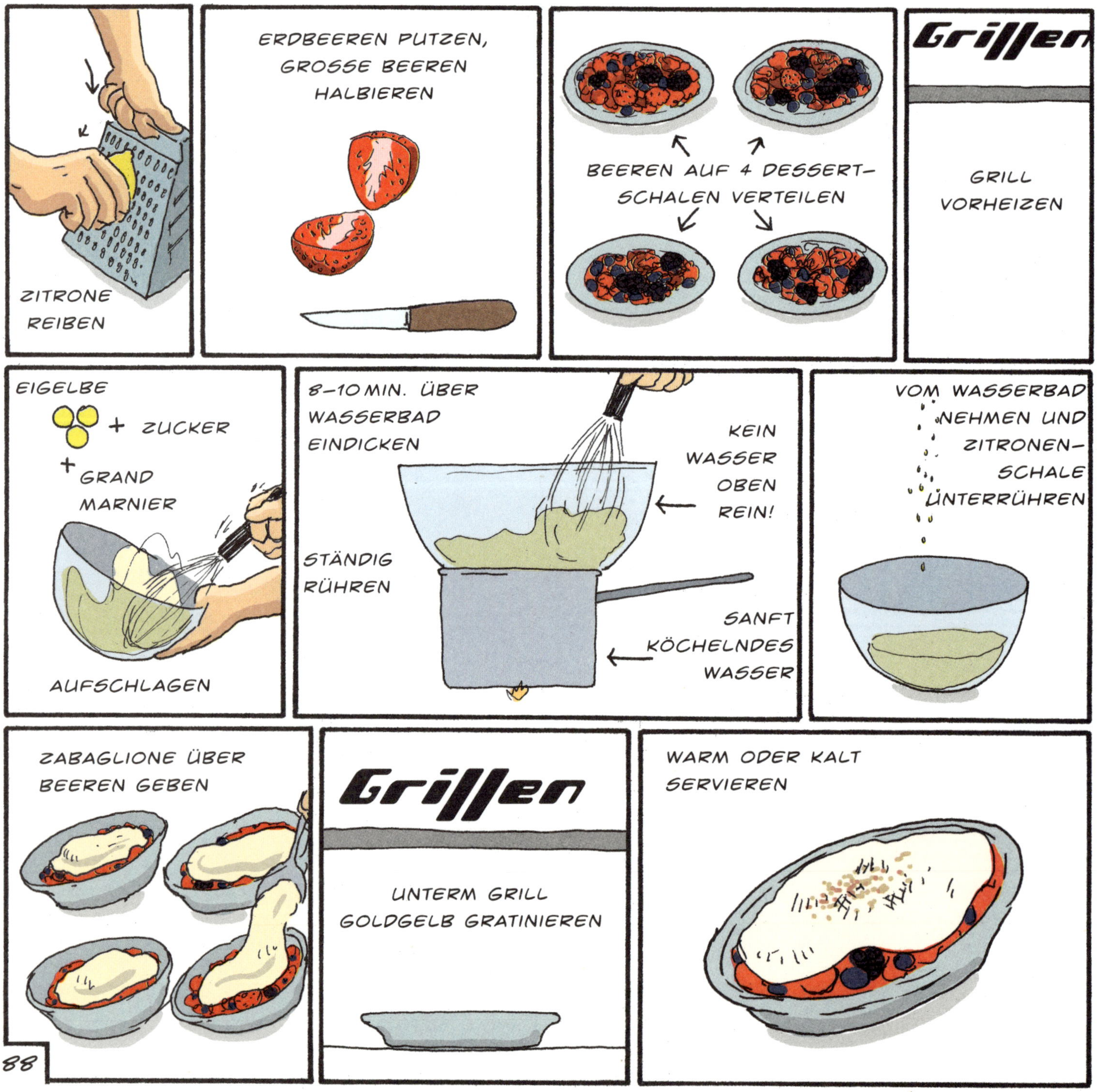

GEFÜLLTE PFIRSICHE

FÜR 4 PERSONEN VORBEREITUNG: 50 MIN. BACKZEIT: 1 STD.

CANNOLI

ERGIBT 20–22 CANNOLI VORBEREITUNG: 1 1/2 STD. KÜHLZEIT: 12 STD.

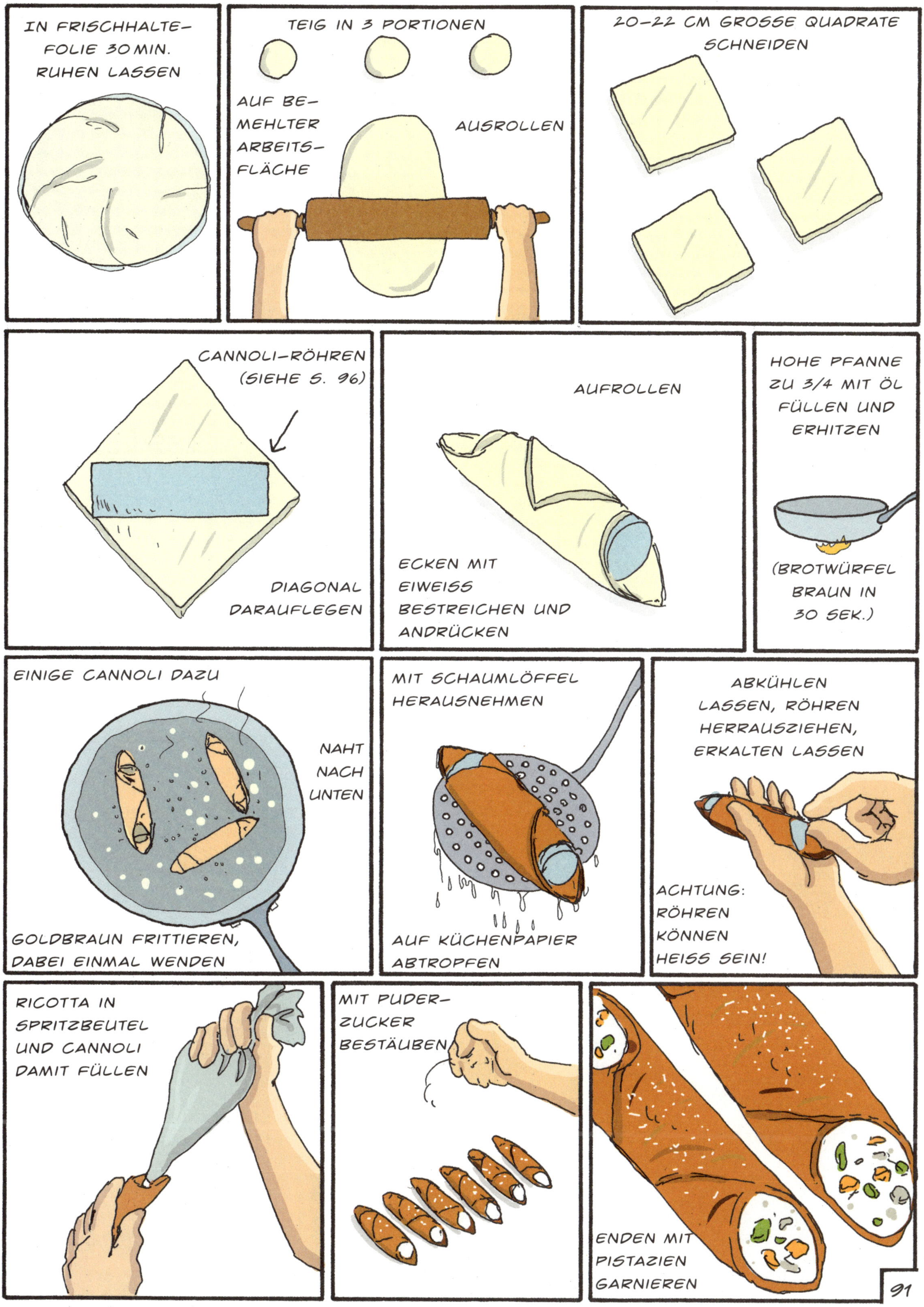
IN FRISCHHALTE-FOLIE 30 MIN. RUHEN LASSEN
TEIG IN 3 PORTIONEN
AUF BE-MEHLTER ARBEITS-FLÄCHE
AUSROLLEN
20–22 CM GROSSE QUADRATE SCHNEIDEN
CANNOLI-RÖHREN (SIEHE S. 96)
DIAGONAL DARAUFLEGEN
AUFROLLEN
ECKEN MIT EIWEISS BESTREICHEN UND ANDRÜCKEN
HOHE PFANNE ZU 3/4 MIT ÖL FÜLLEN UND ERHITZEN
(BROTWÜRFEL BRAUN IN 30 SEK.)
EINIGE CANNOLI DAZU
NAHT NACH UNTEN
GOLDBRAUN FRITTIEREN, DABEI EINMAL WENDEN
MIT SCHAUMLÖFFEL HERAUSNEHMEN
AUF KÜCHENPAPIER ABTROPFEN
ABKÜHLEN LASSEN, RÖHREN HERRAUSZIEHEN, ERKALTEN LASSEN
ACHTUNG: RÖHREN KÖNNEN HEISS SEIN!
RICOTTA IN SPRITZBEUTEL UND CANNOLI DAMIT FÜLLEN
MIT PUDER-ZUCKER BESTÄUBEN
ENDEN MIT PISTAZIEN GARNIEREN

ANHANG

REZEPTHINWEISE

Butter sollte immer ungesalzen sein.

Wenn nicht anders angegeben, werden immer frische Kräuter verwendet.

Wenn nicht anders angegeben, wird immer frisch gemahlener schwarzer Pfeffer verwendet.

Wenn nicht anders angegeben, werden immer Eier, Gemüse und Früchte von mittlerer Größe verwendet.

Wenn nicht anders angegeben, wird immer Vollmilch verwendet.

Knoblauchzehen sollten immer groß sein, alternativ zwei kleine Zehen verwenden.

Wenn nicht anders angegeben, bedeutet Schinken: gekochter Schinken.

In einigen Rezepten wird Alkohol verwendet. Dieser kann durch Wasser oder Brühe oder, bei einer Süßspeise, Orangensaft ersetzt werden.

Prosciutto ist immer roher luftgetrockneter Schinken, üblicherweise wird Parma- oder San-Daniele-Schinken verwendet.

Gar- und Backzeiten dienen lediglich als Richtlinie, da die Heizleistung von Öfen sehr unterschiedlich sein kann. Bei einem Ofen mit Umluftfunktion folge den Temperaturhinweisen des Herstellers. Beim Gasherd richte dich ebenfalls nach den Angaben des Herstellers in der Gebrauchsanleitung (180 °C = mittlerer Hitze, entspricht Stufe 4; 240 °C = hohe Hitze, entspricht Stufe 9).

Zum Prüfen, ob Frittierfett heiß genug ist, einen Würfel altes Brot hineingeben. Wenn er innerhalb von 30 Sekunden goldbraun wird, liegt die Temperatur bei 180–190 °C, die für das meiste Frittiergut geeignet ist. Die Zutaten langsam ins Fett gleiten lassen, um Spritzer zu vermeiden. Langärmlige Kleidung tragen. Das Frittierfett nie unbeaufsichtigt lassen!

Einige Rezepte enthalten rohe oder nur leicht gegarte Eier. Solche Speisen sollten von Senioren, Kindern, Schwangeren, Rekonvaleszenten und Menschen mit geschwächtem Immunsystem gemieden werden.

Alle Löffelmaßangaben sind gestrichen. 1 TL = 5 ml; 1 EL = 15 ml

TECHNIKEN

FISCH (ENTSCHUPPEN & SÄUBERN)

Zum Entschuppen den Fischkörper von der Schwanzflosse in Richtung Kopf mit einem Messerrücken abschaben. Die Flossen abschneiden. Mit einem spitzen Messer den Bauch ein- und aufschneiden. Die Innereien von Hand herauslösen. Den Fisch innen und außen sorgfältig abspülen.

GARNELEN (VORBEREITEN)

Garnelen müssen nicht unbedingt vom Darmfaden (der dunkle Faden, der am Rücken verläuft) befreit werden. Allerdings kann er bitter schmecken. Den Kopf vom Körper abdrehen und die Schale entfernen (Schwanzenden nach Belieben intakt lassen). Den Rücken der Garnele mit einem Messer flach einschneiden und den Darmfaden herausziehen.

TINTENFISCH (VORBEREITEN)

Tintenfische wie z. B. Kalmare sind meistens küchenfertig erhältlich. Falls nicht, kannst du sie zu Hause ganz einfach selbst vorbereiten: Dazu Kopf und Innereien aus dem Körper herausziehen. Die Tentakeln direkt unter den Augen abschneiden. Das Kauwerkzeug aus den Tentakeln herausdrücken. Den Schulp (durchsichtiger Chitinstab) aus dem Körper ziehen. Körper und Tentakel abspülen.

KNETEN

Den Teig rollen und mehrmals falten, damit sich die Zutaten gut verbinden. Die Arbeitsfläche sollte leicht mit Mehl bestäubt werden. Alternativ den Teig in einer Küchenmaschine mit Knethaken bearbeiten. Pasta- oder Hefeteig kräftig durchkneten, damit er glatt und elastisch wird. Mürbeteig nur kurz kneten.

MUSCHELN (SÄUBERN & VORBEREITEN)

Die Muscheln kräftig unter fließendem Wasser mit einer Küchenbürste oder einem Edelstahl-Topfreiniger abbürsten. Den Bartfaden zwischen den Schalenhälften entfernen. Nur geschlossene Muscheln verwenden. Geöffnete Muscheln auf die Arbeitsfläche schlagen – schließt sich die Muschel sofort, kann sie verwendet werden, falls nicht: entsorgen.

SARDINEN (ENTSCHUPPEN, SÄUBERN & ENTGRÄTEN)

Vom Schwanz Richtung Kopf mit einem Messerrücken entschuppen (siehe links). Auf der Bauchseite von der Afteröffnung aus ganz aufschneiden. Innereien und Kiemen entfernen und den Fisch innen und außen gut abspülen. Den Fisch auf den Rücken drehen und mit den Fingern die Hauptgräte vorsichtig lösen. Hauptgräte und Schwanzflosse mit einer Schere abschneiden. Feinere Gräten mit einer Pinzette herausziehen.

SCHLAGEN/RÜHREN

Durch die Bearbeitung mit einem Schneebesen oder elektrischen Rührgerät werden Eier, Butter oder Sahne locker und schaumig. Soll Eiweiß steif geschlagen werden, darauf achten, dass Schüssel und Quirle sauber und fettfrei sind.

GLOSSAR

AL DENTE
Bissfest garen, insbesondere bei Pasta und Risotto.

ANBRÄUNEN
Fleisch oder Gemüse (wie Knoblauch oder Zwiebeln) in Butter oder Öl bei mittlerer Hitze goldbraun (an-)braten.

ANHÄUFEN
Mehl direkt kegelförmig auf eine Arbeitsfläche sieben, z. B. für die Zubereitung von Pasta- oder Mürbeteig.

AUS-/ENTKERNEN
Samen und Kerne aus einer Frucht wie z. B. Paprika herauslösen.

BATONS
Gemüse und andere Zutaten, die in lange, dünne Stifte mit einem Durchmesser etwa eines Bleistifts geschnitten werden.

BÉCHAMEL
Eine weiße Sauce, für die eine Mischung aus gleichen Teilen Butter und Mehl (Mehlschwitze) in Milch gerührt und erhitzt wird, bis die Mischung eindickt und cremig wird.

BE-/AUSSTÄUBEN
Eine Zutat, Arbeitsfläche oder Backform mit einer dünnen Schicht Mehl überziehen.

BESTREUEN
Eine Zutat über die Oberfläche eines fertigen Gerichts verteilen.

BINDEN
Ein Fleischstück mit Küchengarn einschnüren, damit es beim Garen in Form bleibt.

BLANCHIEREN
Früchte oder Gemüse kurz in kochendes Wasser geben, damit sie weich, aber nicht durchgegart werden.

BLINDBACKEN
Vorbacken eines Teigbodens. Damit dieser in Form bleibt, wird er mit Backpapier belegt und mit getrockneten Hülsenfrüchten beschwert. Im Fachhandel gibt es auch spezielle Backperlen.

BOLOGNESE
Wörtlich: „aus Bologna stammend". Kann sich auf alle Spezialitäten der Region beziehen wie ragú (Fleischsauce), Tagliatelle oder Lasagne.

BRUSCHETTA
Geröstete und mit Knoblauch eingeriebene Brotscheibe, die mit Öl beträufelt und meist mit gehackten Tomaten belegt wird.

BUTTER ODER SAHNE EINRÜHREN
Vor dem Servieren ein Stück Butter oder Sahne in eine Sauce zu rühren, verleiht ihr einen samtigen Glanz und zusätzliches Aroma.

CACCIATORE
Wörtlich: „Nach Jägerart". Hühnchen- oder Kaninchenfleisch, das mit Zwiebeln und

Pilzen oder Tomaten, Paprika und Karotten geschmort wird.

CANNOLI-RÖHRE
Metallröhren, um die der Cannoli-Teig vor dem Frittieren geschlagen wird. Sie sind im Küchenfachhandel erhältlich. Ansonsten kann man auch ähnlich geformte Gegenstände wie eine Küchenkrepprolle oder eine schmale, kleine Flasche bzw. einen Flaschenhals verwenden.

CAPONATA
Sizilianisches Antipasto aus gewürfelten Auberginen, Paprika und Tomaten, die in einer süßsauren Sauce mit Essig, Rosinen und Kapern geschmort werden.

DECKEL
Durch das Aufsetzen eines Deckels kann weniger Dampf aus dem Topf entweichen und das Gargut trocknet nicht aus.

EINFETTEN
Eine Backform o. Ä. mit Butter oder Öl bestreichen, damit die Zutaten beim Garen nicht festsitzen und sich danach besser herauslösen lassen.

EINWEICHEN
Trockenfrüchte, Gemüse oder Pilze vor der Weiterverarbeitung in Wasser oder einer anderen Flüssigkeit quellen lassen.

FRITTIEREN/AUSBACKEN
Zutaten wie Gemüse in heißem Fett schwimmend garen. Die Temperatur vorher mit einem Würfel aus altbackenem Brot testen: Wenn er in 30 Sekunden goldbraun wird, hat das Fett die richtige Temperatur zum Frittieren.

FÜLLEN
Zutaten wie Reis oder Semmelbrösel in eine andere Zutat wie ausgehöhltes Gemüse, Geflügel oder Fisch geben.
Oder:
Einen Teigboden beispielsweise mit einer Eiercreme oder Früchten füllen bzw. mehrere Teigböden mit Creme, Sahne oder Konfitüre zusammensetzen.

GARNIEREN
Eine Speise vor dem Servieren mit Kräutern, Zitronenscheiben etc. dekorieren.

GRATINIEREN
Ein Gericht wie z. B. Lasagne kurz in den heißen Ofen oder unter den Grill schieben, bis die Oberfläche goldbraun und leicht knusprig wird.

HACKEN
Zerkleinern von Zutaten in mundgerechte und noch kleinere Stücke.

HEFE, FRISCHE/ TROCKENBACK-
Triebmittel, bei dem Bakterienkulturen für eine Teiglockerung sorgen. Trockenbackhefe kann direkt unter das Mehl gemischt werden. Frische Hefe sollte erst mit lauwarmer Flüssigkeit und etwas Mehl zu einem Vorteig angerührt werden.

IM PÄCKCHEN GAREN
Fisch, Fleisch oder Gemüse in Alufolie oder Backpapier eingeschlagen garen, damit alles saftig bleibt.

KASSEROLLE
Großer Topf mit Deckel, hauptsächlich zum Schmoren auf dem Herd oder im Ofen.

KOCHEN
Garen von Zutaten in reichlich sprudelnd kochendem Wasser oder Brühe.

KÖCHELN
Eine Flüssigkeit bis knapp unter den Siedepunkt erhitzen oder die Hitze so einstellen, dass bei einer Flüssigkeit, die bereits gekocht hat, nur noch die Oberfläche schwach zittert.

MASCARPONE
Italienischer Doppelrahm-Frischkäse aus der Lombardei mit leicht säuerlichem, nussigem Aroma. Wird insbesondere für Desserts wie Tiramisu (S. 77) verwendet.

MALVASIA
Eine Rebsorte aus dem Mittelmeerraum. Liebliche Malvasia-Weine werden für Desserts wie Cannoli (S. 90–91) verwendet. Kann durch Madeira ersetzt werden.

MILANESE
Wörtlich: „Auf Mailänder Art". Hähnchen- oder Kalbsschnitzel, gelegentlich auch Gemüse, das paniert und in Butter knusprig gebraten wird.

MIXEN
Zutaten in einem elektrischen Mixer oder Blitzhacker zerkleinern, bis eine mehr oder weniger homogene Paste/Masse entsteht.

MÖRSER
Gefäß aus Marmor, Granit oder Keramik, in dem mit einem Stößel Gewürze und andere Zutaten zerrieben oder zerstoßen werden können. Als Ersatz kann ein Mixer dienen.

PANCETTA
Gepökelter, gesalzener oder geräucherter Schweinebauch (meist aufgerollt). Aromatische Saucengrundlage.

PANIEREN
Das Wenden und Einhüllen von Zutaten zunächst in Mehl, verquirltem Ei und anschließend in Semmelbröseln. Panierte Zutaten werden in der Regel in der Pfanne goldbraun und knusprig gebraten oder frittiert.

PASSATA
Pürierte Tomaten, die in Dosen oder Flaschen angeboten werden (nicht so konzentriert wie Tomatenmark).

PLATTIEREN
Aufweichen von Fleisch oder Gemüsefasern durch das Klopfen mit einem schweren Gegenstand wie einer Teigrolle oder einem Fleischklopfer.

POLENTA
Maisgrieß, der zu einem Brei oder zu einer festen Masse gekocht und dann in Scheiben geschnitten und gebraten oder gegrillt serviert wird.

PORCINI
Italienische Bezeichnung für Steinpilze, werden häufig getrocknet angeboten und müssen vor der weiteren Verwendung erst in Wasser eingeweicht werden.

PROSCIUTTO
Italienische Bezeichnung für gekochten (cotto) oder rohen (crudo) Schinken. Der beste rohe Schinken kommt aus Parma.

RIBOLLITA
Italienisch für „wieder aufgekocht“. Ein toskanischer Eintopf mit Cavolo nero (Schwarzkohl) und weißen Bohnen, der üblicherweise wieder aufgewärmt am nächsten Tag serviert wird.

RICOTTA ROMANA
Italienischer Frischkäse aus Schafsmolke. Er hat ein volles, aber feines Aroma, das süßer als bei anderen Ricottasorten ist.

SALSA VERDE
Grüne Sauce aus Kapern und Kräutern, die meist zu gegrilltem Fisch oder Fleisch gereicht wird.

SEMIFREDDO
Wörtlich: „Halbgefrorenes“. Schnell zubereitetes, cremiges Eisdessert.

TALEGGIO
Cremiger Weichkäse aus dem Val Taleggio in Norditalien. Er hat einen angenehm würzigen, feinnussigen, fruchtigen Geschmack.

TRANCHIEREN
Ein Stück Fleisch nach dem Braten mit einem langen, scharfen Messer in Scheiben schneiden. Vor dem Tranchieren sollte das Fleisch 10–15 Minuten ruhen, damit sich der Fleischsaft gleichmäßig darin verteilt.

UNTERHEBEN
Mehl, Eiweiß und andere Zutaten vorsichtig mit schneidenden Bewegungen mit einem Löffel oder Teigschaber locker in eine Masse einarbeiten.

ÜBERZIEHEN
Ein Gericht mit einer dünnen Schicht einer Zutat wie Sahne, Gelatine oder Sauce bedecken.

VERKOCHEN
Kochen, bis überschüssige Flüssigkeit in Form von Wasserdampf entweicht, um eine Sauce einzudicken.

VORHEIZEN
Den Backofen auf die angegebene Temperatur einstellen, damit diese erreicht ist, bevor ein Gericht in den Ofen kommt.

WEICH GAREN
Gemüse, vor allem Zwiebeln, werden so lange gegart, bis sie weich, süß und glasig sind.

WENIG HITZE
Den Herd auf kleinste Stufe einstellen und eine Zutat über längere Zeit sanft garen.

ZERDRÜCKEN
Knoblauch mit einem Messerrücken platt drücken oder Gewürze in einem Mörser zerstoßen.

ZERLEGEN
Fleisch, Geflügel oder Fisch in zum Verzehr geeignete Stücke schneiden

MENÜVORSCHLÄGE

FRÜHLINGSMENÜ

Gegrillter Tintenfisch, S. 17

·

Kartoffel-Spinat-Gnocchi, S. 39

·

Gefüllte Hähnchenschnitzel, S. 54

·

Panna Cotta mit Haselnusssauce, S. 78

SOMMERMENÜ

Bruschetta, S. 22

·

Linguine mit Pesto, S. 46

·

Fischpäckchen, S. 62

·

Cannoli, S. 90

HERBSTMENÜ

Gefüllte Steinpilze, S. 14

·

Erbsen-Schinken-Tagliatelle S. 38

·

Gschmorter Thunfisch, S. 63

·

Apfelkuchen, S. 76

WINTERMENÜ

Ribollita, S. 28

·

Ricotta-Spinat-Ravioli, S. 44

·

Hähnchen-Cacciatore, S. 60

·

Tiramisu, S. 77

SCHNELLES ABENDESSEN

Eier im Töpfchen,
S. 19

·

Fusilli mit Pilzen, S. 40

·

Beeren mit Zabaglione,
S. 88

LEICHTES MITTAGESSEN

Bohnensalat mit Spinat
& Speck,
S. 31

·

Muscheln Marinara,
S. 53

·

Erdbeer-Granita,
S. 82

GEBURTSTAGSMENÜ

Pizza Margherita,
S. 20–21

·

Farfalle mit Garnelen,
S. 47

·

Grillsardinen, S. 58

·

Gefüllte Pfirsiche,
S. 89

MENÜ AL FRESCO (FÜR DRAUSSEN)

Panzanella, S. 30

·

Rigatoni mit Hackbällchen,
S. 42–43

·

Fritto Misto, S. 66–67

·

Himbeer-
Semifreddo, S. 75

REGISTER

Edel Books
Ein Verlag der Edel Germany GmbH

Titel der Originalausgabe:
Chop, Sizzle, Wow – 50 Step-by-Step Kitchen Adventures

Deutsche Erstausgabe 2014 bei
Edel Germany GmbH
Neumühlen 17, 22763 Hamburg
www.edel.com

Diese Ausgabe erscheint bei Edel Germany GmbH,
Deutschland, als Lizenzausgabe von

Phaidon Press Limited
Regent's Wharf
All Saints Street
London N1 9PA
Großbritannien
www.phaidon.com

Comissioning Editors: Emma Roberts & Emilia Terragni
Project Editor: Sophie Hodgkin
Production Controller: Adela Cory

Einleitung: Tara Stevens
Illustrationen: Adriano Rampazzo
Kolorierung: Colin White
Design: Julia Hasting
Layout: Hans Stofregen & Colin White

Deutsche Ausgabe:

Übersetzung aus dem Englischen: Lisa Voges, Köln

Realisation der deutschen Ausgabe:
bookwise medienproduktion GmbH, München

Projektkoordination Edel Germany GmbH:
Nina Schnackenbeck

Printed in Rumänien

ISBN: 978-3-944297-13-2